新装版

タオの暗号

Code of Tao

性パワーの扉を開いて
タオの宇宙へ

千賀一生
Chiga Kazuki

ヒカルランド

『新装版 タオの暗号』に寄せて

私たちの命は、性の営みによって誕生する。この否定の余地のない事実のままに現実をとらえるのであれば、性ほど尊く神聖なものはないはずだ。体も心も、その営みによって誕生する。これは、人間だけでなく、あらゆる動物がそうだ。

命という命が性から誕生することを考えると、性というものは、宇宙という存在そのものがもつ原理の表れであろうという帰結に至る。古代人が性を信仰の対象にしていたことは明らかであるが、現代人はそれを迷信として切り捨てる。もちろんその中には迷信もあっておかしくないが、そこには、人間という存在への深遠な直感を見ることもできる。切り捨てるには、あまりにももったいない視点を、私たちは捨ててきたように思う。

中国少数民族に劣らない性への深い洞察は、私たちの祖先、縄文人もそうであった。いや、同じ古代でも、縄文ほど深い性への洞察はまず見当たらない。私たちはその子孫であり、私たちの中にはその記憶が刻まれているはずだ。性への認識は命の原点への認識であり、性の理解は、本質では宇宙の理解に通じてゆく。

本書の最初の出版にあたり、性エネルギーの昇華は、具体的にどのように行ったらよいのかという質問を多数いただいた。それに応じられる本を提供できたらと思ってきたが、そのためには本よりも映像で伝えられるDVDの方が適していると思い、本書の姉妹版のDVD『タオの宇宙を極める《身体原理編》』という形でそれに近づけたと思っている。

性エネルギーは、究極的には人間の幸不幸を決定付ける力と言っても過言ではない。その開花には、不可欠なポイントがあるが、人体の微妙な把握を文字で伝えるのは困難である。本書の姉妹版DVDは、豊富な図解と映像によって性エネルギーセンターに関わる人体の宇宙的原理を具体的、かつ詳細に解説している。あわせてご覧いただけたらと思う。

千賀一生

新装版　タオの暗号　目次

装丁　坂川栄治＋鳴田小夜子（坂川事務所）
本文仮名書体　文勇仮名（キャップス）

古代中国の賢者、老子を
あなたはご存知だろうか？

もしも老子をご存知であるならば、
彼が語る冒頭の一章を
次のように訳したとしたら
耳を疑うことだろう

道可道非常道、名可名非常名。
無名天地之始、有名萬物之母。
故常無欲以觀其妙、常有欲以觀其徼。
此兩者、同出而異名。
同謂之玄、玄之又玄、衆妙之門。
（一章）

道の道とす可《べ》きは常《つね》の道に非《あら》ず、名の名とす可きは常の名に非ず。
無名は、天地の始めなり、有名は、万物の母なり。
故《ゆえ》に常に無欲にして以て其の妙を観《み》、常に有欲にして以て其の徼《きょう》を観る。
此《こ》の両者は、同じ出にして名、異《こと》にす。
同じく之を玄と謂《い》うも、玄の又《ま》た玄は、衆妙の門。

【訳】

私は今から性の秘密について語ろう。
かといって、
あなた方がよく行う、うつろいゆくセックスについて語りたいわけではない。
究極の性とは、この宇宙を生み出した、名前すらない本質だ。
あなた方の知るセックスは、その本質の擬似的表れにすぎない。
だから、情欲的次元を超えて、性なるものの本質を観るんだ。
あなた方が知る粗野な性の悦びを超えた、
はるかなる至福世界がその奥にはあるのだよ。
あなた方はその一時《いっとき》のセックスにさえ不思議なほどの魅力を感じるというのに、
そこに秘められた、その何倍もの深遠世界に、どうして気づこうとしないのか。
それこそが究極の性、すなわち、森羅万象を抜き超えた真の至福の領域なのだ。
（私はその究極の愛《エクスタシー》へと至る道をこれから語ろう）

老子書の前書きとして語られたこの一章が、
世界的に知られている訳とはまったく異なることに驚かれるかもしれない。
しかし、これは誤りではない。
老子書は、世によく知られるその詩文の裏に、
秘教的教えが二重写しで記述されている暗号の書であり、
その秘教は、2500年もの間、人々の目から封印され続けてきた。
今や西洋社会でも最もよく知られた東洋の賢者である老子であるが、
人々は表層の意味のみでＴａｏを理解してきたにすぎないのである。
私は、この老子が語る性とは何かを、
中国の奥地で教えられ、実体験した経験を持つ者である。
性とは、人間の幸不幸を決定的に決めてしまう力を握っているものであることを
現代人は知らない。

そのＴａｏの真実を、
老子書の解読と私の体験の告白によって、明らかにしてゆくことにしよう。

老子の暗号《ダブル・コード》

――真実のＴａｏが語る宇宙の法則と人類の理想郷を巡る究極の旅

本文では、話の展開や風景描写などのＴａｏとは直接関係のない描写も含め、すべてはＴａｏをより深く認識するために必要な内容のみを記載している。あせることなく、Ｔａｏと無関係な描写ほど時間をかけてゆっくりと読んでいただきたい。私の体験の再現は、そうした中から生まれるからだ。

Laozi&TaoCode 1

秘密を知る人物との出会い

——仙人のような外観、明晰な思考力をもつM老人

今や西洋社会でも最もよく知られた東洋の賢者の一人である
この老子であるが、人々は表層の意味のみで
Tao（老子の説く道）を理解しているにすぎないのである。
彼は、何のためにそれを暗号化したのか。
そこにどんな秘密を封じ込めたのか。

それはまったく偶然の出会いであった。中国雲南省の山奥の村で、私は思いがけない人物と出会ったのである。彼との出会いは、私の人生上の視野を、それまでの何百倍もに拡大させるほどの衝撃をもたらしたのであった。

中国への旅は三回目で、当時学生であった私は、経費節約のため、毎回、船で日本から中国へ渡っていた。中国の古代に関心があり、中国古代哲学を専攻していた私は、中国の古い文化に惹かれていた。中国語の勉強には力を入れてきたが、日常会話程度である。それでも何とか、三回目の今回、求めていたような村に行けることになったのだ。

文明の手がほとんど入っていないというその村までは、前回の旅で知り合ったその村を一度だけ訪れたことがあるという中国人に同行してもらった。その友人と待ち合わせた中国南方のある町から山岳地帯の奥地にあるこの村までは、二日がかりであった。

この雲南省南端の山脈地域は、隣接するミャンマー北部も含め、日本の本州の半分ほどの広域に二十を超えるという少数民族が暮らす彼らの天地であり、中国政府によって外国人未開放地域に指定されていると彼から聞かされた。私はさすがに不安とためらいを感じたが、大丈夫だという彼の言葉を信じて、進むことにした。

周囲に茶畑が延々と続く舗装のされていない道を車で四、五時間走り、さらに車には過酷な山の道を、進める限界まで数時間走り、その日は車に泊まった。翌日、車では進めない山の中を、まだ薄暗い早朝から日が沈むまで私たちは歩き続けなければならなかった。しかし、この時はまだ、この遠い道のりの向こうにあのような出会いが待っているとは、思いもよらなかったのである。

車を置き、私たちは山道を歩きはじめた。最初のうちは細道が続いたが、やがて道らしき道もなくなり、彼は山の中の道なき道を奥へ奥へと進んでゆく。私はその後をついてゆくのがやっとであった。深い自然の中の独特の匂いがする。足元は平坦ではなかった。そうして二、三時間歩くうちに、生い茂る南国のジャングルのような森の景色となった。

ここは日本の沖縄よりも南に位置している地域だけあって、植物も中国のイメージとはほど遠い常夏《とこなつ》の国を思わせる巨大な葉の植物が多い。日本の自然に慣れていた私には、植物の葉が異様に大きく感じられた。恐竜がいたような太古の自然は、こんなふうな木々が生い茂っていたのだろうと、そんなことを思いながらも、彼について行かなければならなかった。体に当たる大きな葉をかきわけるようにして進んでゆく感触は、原始の時代にもどったようで不思議な快感も感じたが、しだいに疲れてきた。

案内の彼は私ほどは疲れていない様子だった。心地よい疲れではあるが、それでも彼についてゆくのがきつくなってくる。こんなジャングルの中では、人が訪れないのは当然だろう。五、六時間は歩き続けただろうか。思考の余力もないほどに疲れ、無心で足を運んでいたその時、美しい渓谷が目の前に広がった。はるか遠方に山々を臨む雄大な渓谷だ。下に広がる水を湛《たた》えた川も、見事なほど広大なスケールだ。彼は立ち止まり、私たちは休憩した。

突然目の前に広がったこの雄大な渓谷は、単に美しいというだけではない何かを感じさせた。日本で時間に追われる毎日を送って育った私は、自然というものは美しいものなのだという、きまりきった認識しか知らなかった。しかし、この渓谷は、日本にいた時とはまったく異質な時の流れというものを私に教えてくれた。この原始の森の奥深くでまず感じたのは、私が忘れていた偉大な時の存在だった。それは私を深く包み込む、はてしない何かの臨在を感じさせた。この感覚は、あの深い自然の中を歩き続けた数時間の中でわずかに甦《よみがえ》ってきた私の中の原始的本能なのだろうか。

しかし、この母なる大自然に抱かれ、その私が感じた「何か」とともに暮らす森の人々に、私はこの後すぐに出会う運命にあったのである。

村まではこの渓谷から、さらに四時間以上は歩いただろう。

どうしてこんなジャングルの奥にと思うほどの所にその村はあった。案内人の彼はその村の村長さんと面識があり、私たちは村で一番大きな家に住む人のところに泊めていただいた。彼は、次の日同じ道を一人で帰った。

外部の者が訪れることなどほとんどないこの村は、食生活も自給自足であり、他の中国社会とは隔絶された独自の文化をもっていた。おそらく中国の古い時代の文化がそのままに維持されているものと思われる。あの母なる山々によって、あるいは人を寄せ付けない奥深いジャングルによって、この村の文化は昔のままに守られてきたのだろう。人々は誰もが素朴で善良であった。

この村に着いた次の日に、私はM老人と出会った。

M老人は、白い髭を長く伸ばした、まるで仙人のような外観の人だった。髪は長く、後ろで細長く結《ゆ》わえてあった。出会った瞬間、他の人たちとはどことなく違う印象を受けた。その目はやさしさに満ち、けれども、目と目が合う時、身の引き締まるような眼光を感じさせた。

「どこからこの村に来たのだね？」

とM老人は私に聞いた。

私は、

「中国の古い文化に出会いたくて日本から来ました」

と答えた。

それ以後、私に関心をもったのか、M老人は私を泊めてくれた家にしばしば顔を見せるようになった。

私たちが知らない何かを、この人は知っている。そんな雰囲気をいつも感じさせる人だった。

村人たち誰もから彼は尊敬されている様子だった。

しかし、夕方になると彼の姿は見ることはなかった。

こんな山奥の村からいなくなって、いったいどこに帰るというのだろう。彼は現実の人間には違いないが、私にとっては不思議な物語の登場人物のように感じられた。

この村に来て数日後のある日、彼は私に何かを決意するかのように言った。

「わしの村に来てみないかね？」

いったい、どういう意味なのだろうか。

この村以外に村があるのだろうか。私はその言葉が何を意味するのかわからないままに「はい」と答えた。

彼は「ついてきなさい」と言ったまま後ろを振り向きもせずに無言で歩き出した。

M老人はこの時、八十二歳だった。しかし青年のような明晰な思考力をもつ人だった。

背筋もまっすぐに伸びている。そんな彼の後ろ姿を見ながら、どうしてこんな若さを保てるのだろうと思いながら、後をついていった。いったい彼はどこに行くのだろう、と思いながらも、私は無言のまま歩くしかなかった。

思ったより長い道のりを歩き、さらに深い山々に入っていった。クイッ、クイッと大きな声で鳴く鳥の声が森中から聞こえてくる。二時間は歩いたと思う。目的とする山へとようやく至ったようだ。山の中腹に、簡素なお堂のような小さな建物が見えたからだ。

入口には日本の神社の鳥居を横に長くしたような門があった。この門の中央に鳥の彫刻があるのが印象的だった。

一辺が五十メートルはあると思う広い中庭のような所を通り過ぎ、M老人は、古びて簡素なそのお堂のような建物の中へと入った。素人が作ったと思われるようなお堂であった。私は奥にある小さな部屋へと案内された。そこでM老人はその部屋にだいじにしまい込まれてあった一冊の本を手にとった。活字の本ではなく、手書きの本だが非常に古びていた。「老子」と書かれていた。

「老子」とは中国古代の賢者であり、彼の書いた本の名前でもある。私は台湾で出版された中国語版の「老子」を大学の授業で使っていたのでよく知っていた。しかし、この「老子」は、半分以下の厚さしかなかったし、よくみると一般の「老子」とは章の順番も違っていた。

ご存知ない方のために「老子」についてここで少々解説しておこう。

中国古代の思想家としては日本では孔子が有名であり、論語で知られる孔子は、中国の歴史に最大の影響を及ぼした人物だ。しかし、中国には、この孔子とほぼ同じ年代の人物で、同じほどに多大な影響を及ぼした人物がいる。

孔子の思想が世の支配階級の人々に好まれたのに対し、彼の思想は世の底辺から広まった。孔子が人間社会における人の生き方を説いたのに対し、彼は人という枠を超えたより広大な視点から人間のあり方を求めた。彼こそが老子だ。

今日では彼の思想は西洋の知識人の間でも、Ｔａｏと呼ばれ、日本のＺｅｎ（禅）とともに深く受け入れられている。

彼の思想はこの「道《Tao》」という言葉に集約される。

大宇宙の流れに真に沿った生き方を、彼は「道」とよんだ。

古来中国では「道」という言葉が人間の生き方にたとえられてきた。しかし、彼はその道という言葉を人間社会におけるそれから、宇宙大のそれへと拡大したことで知られる。

「人間の狭いはからいの心を捨て、川の流れに沿って泳ぐ魚のように大自然の理法にかなった生き方をする時、真の幸福へと至ることができる」

そうした生き方が彼の言う「道」として知られている。


——仙人のような外観、明晰な思考力をもつM老人

ところで、私が本書を書こうと思った一つの目的は、このような世界的に知られる「老子」の解釈が、彼の言う「道」を決して語り尽くしてはいないことをM老人との出会いによって知ったからだ。もちろん、中国人や道教の人々でさえもその真実を知る者は皆無に等しい。

これを聞いて、すぐさまそれを信じる人はまずいないかもしれないが、彼の言う「Ｔａｏ」は、実は、性（性行為）を意味する暗号語なのだ。

今や西洋社会でも最もよく知られた東洋の賢者の一人であるこの老子であるが、人々は表層の意味のみでＴａｏ（老子の説く道）を理解しているにすぎないのである。

彼は、何のためにそれを暗号化したのか。そこにどんな秘密を封じ込めたのか。

私はその真実を、この村での以下のような体験によって知ったのである。

Laozi&TaoCode 2

M老人の村

——人類の記憶を呼び覚ます神話の世界

誰をとっても深い洞察力と物事の観察力をもっていた。
まるでテレパシーでも使っているかのように、
わずかな一挙一動で私の思っていることを見抜き、
過去の体験さえも探り当てる彼女たちの機敏な観察力は、
文明社会の老人たちとはまるで違っていた。

私はM老人に見せられた「老子」に興味をもったが、その日はそれだけで、私の「老子」についての知識を簡単に質問されただけであった。

M老人が「村」と言ったのは、このお堂のことなのだろうか？

彼は心のふるさとという意味で、このお堂のある場所を「村」と言ったのだろうか？

しかし、M老人はすぐにそのお堂を後にした。

ほとんどジャングルと言っていい森の中を二、三十分歩いたが、その途中、小さな滝で水遊びをしていた十歳前後の少女たち三人に出会った。彼女たちは笑顔でM老人にあいさつをした。中国語ではない言葉であることに私は驚いた。私にも笑顔であいさつをしてくれたが言葉がわからないので、私は笑顔で返しただけだった。この少女たちに私は強烈な印象を受けた。

彼女たちの内、二人は少数民族の着るような手作りの服を着ていた。赤系の鮮やかな美しい衣装が、まるでジャングルの中の色彩やかな鳥たちのように木々の緑と調和していた。その内の一人は、ワンピースの作りの服を着ていて、一番年上に見えた。子供でありながら、落ち着いた豊かな母性を感じさせる目が印象的であった。まるで私を包み込むようにやさしい、何の束縛も知らないその目を見ると、逆に私自身の心がいかに自由でないかを感じずにはいられなかった。もう一人は一枚の布を腰巻きのように巻いていて、上半身は裸だったが、髪は独特の結い方でおしゃれに結ってあった。彼女はメンラという名前であることを後で知った。お茶目で人なつこい感じの子であるが、同時に非常に知的な目をしていた。知能の高さを感じさせるクリッとした賢そうな目に私は引き付けられた。

もう一人は大きな木の葉を何枚も連ねるようにして作られた遊び心たっぷりのスカートをはいていた。その姿は原始的というよりも、大変おしゃれに私の目には見えた。髪は先の子とはまた違うこった結い方で結われていて、きれいな生花が髪に留められていた。まるで想像上の楽園の存在でもあるかのように彼女の姿はジャングルに溶け合っていた。顔も他の二人同様、極めて端正で清潔感があった。

そして何よりも彼女たちの豊かな表情に驚かされた。人間の顔は、その人の育った背景を一瞬で伝えるのだと、この時思った。楽しそうな無邪気な目の表情は、単にかわいいだけでなく、私をあらゆる束縛から解き放つかのようでさえあった。こんなに澄んだ目を私は見たことがあっただろうか。彼女たちの存在は、神話世界に紛れ込んだかのような錯覚に私を引き込んだ。

M老人から見せられた「老子」への私の興味は、この一瞬で消え去った。私にとって、この彼女たちの存在の方がはるかにインパクトがあったからである。

しかし、この出会いは、私の異文化体験の始まりに過ぎなかった。

それはまさに、私たちとは違う世界の実在を意味していたのである。

彼女たちとわかれ、少し歩くと、彼女たちの村らしき地に近づいた。

やはり別の村があったのだ。

歩いてゆく道は細く、しかし、景観は広々としていて、遠くに山々が見える。

村がついに私の視界に入った。日本の登呂遺跡を少し大きくしたような家々がぽつりぽつりと点在している。その周囲には田畑が美しく広がる。まるで太古の時代にタイムトリップしたかのような錯覚に陥った。

先の村もたしかに私が求めていた通りの古き中国そのままの村であった。しかし、この村は先の村よりもはるかに古代を感じさせた。

実際に、生活様式は、日本の弥生か縄文とさほど変わらなそうな印象を受けた。

村に一歩足を踏み入れると同時に、不思議な懐かしさに私は包まれた。

それはうまくは表現できないが、時間が静止したかのような悠久の時が満ちているとでも言ったらいいだろうか。私個人の記憶を超えて、人類としての大きな記憶が、この村のこの風景を、かつて私は確かに見たと、そう感じさせるかのようで、それがたとえようのないやすらかさを伴って私を癒すのだ。

人口はわずか二百人足らずだろうと思われる。車も自転車もない村であることは先の村と変わらないが、この村は靴もなく、人々は素足だった。

はるかな古代を思わせるこの村の空間とは対照的な村の人々の知的な顔立ちと美しさにも私は強い印象を受けた。こんな山奥の人々がどうしてかと思うほど、知的な顔立ちをしていた。

しばらく歩いて行き着いたのは、なんと、M老人の家だった。M老人はやはりこの村の人だったのだ！

質素な家だが、この村の中では一番大きいと思われる。中に入ると、奥さんが出てきて迎えてくれた。やはり美人であったが、ほほ笑んだときの目のやさしさが、慈眼とでも言いたくなるようであったのが印象的だった。五十歳はいっていないように見えたが、後で年齢を知って驚いた。七十三歳なのだそうだ。

家の中は、日本と違って畳ではないのに、ここにもなぜか私は懐かしさを感じた。家の中にただよう土の香りや、土間の上に敷かれたクバの葉やそうした一つ一つが、なぜか懐かしい。

私はその日、M老人の家に泊めてもらうことになった。その日だけでなく、その後の数週間も、私は、M老人の家に泊めていただいた。

村の人々は、見慣れない私の存在を喜んで受け入れてくれた。

村の人々を知れば知るほど、私は私たちにはない自然な人間性に惹かれるようになっていった。男の人たちは無口だったが、無言のうちに深い思いやりを示す。それが、私の前ではなく私の知らないところでそうしていたという出来事に何度も出会った。年配の女性はよくしゃべる人が多いので、やさしさがわかりやすい。彼女たちの洞察力の深さには驚くばかりだった。誰をとっても深い洞察力と物事の観察力をもっていた。まるでテレパシーでも使っているかのように、わずかな一挙一動で私の思っていることを見抜き、過去の体験さえも探り当てる彼女たちの機敏な観察力は、文明社会の老人たちとはまるで違っていた。人生体験の積み重ねられた人間としての深みを誰もが感じさせてくれる彼女たちは、まるで心のふるさとの母親像のようで、自分のすべてをあずけたい気がしてくる。すべてを癒してくれ、すべてをわかってくれる世界が彼女たちの懐《ふところ》には感じられた。どの家でも、そうした性質をもつおばあちゃんたちが、家族の守り神的存在だった。ここのおばあちゃんたちの中には、文明社会の人たちにはない何か未知の世界が展開しているのだろうか。それは、きっと言葉で説明されてわかるようなものではなく、一緒に生活してゆく中でみえてくるのかもしれないと、小さな期待を私は抱いた。

文明化していない人たちがすべてこのような魅力をもつわけではない。何がこれほどの違いをもたらすのか。私の最大の関心はしだいにこの一つの疑問へと絞られていったのである。

この村では祭りが何度も行われ、まるで毎日が祭りのようだった。その祭りで、私はその答えに体ごと出会う衝撃的な体験をしたのだが、それについては、後で書こうと思う。

Laozi&TaoCode 3

老子二千五百年の秘密

——性エネルギーを包含した太古の叡智

「老子のTaoとは暗号の言葉であり、
それは性を意味している。
この言葉は、来るべき時まで、
封印されなければならないと伝えられてきた言葉だ。……」

村に来て二日後に、M老人は、先のお堂に再び連れていってくれた。

この村は高山にあるだけあって、霧のたちこめる日が多い。この日もそうであった。霧によって遠方の視界が妨《さまた》げられた幻想的な山道を、M老人に連れられて、私はお堂へと向かった。

早朝のひんやりした空気を皮膚が感じる。私はなぜかこうした天候が好きだ。落ち着いた気分になれる。

少々息を切らしながら目的地に着いた。お堂の周囲も霧が霞んでいた。中に入ってから、私は気になっていた「老子」をよく見たくて、許可を得て手に取った。現在の「老子」の半分以下の長さであることは先にふれたが、よく見ると、見たことのない章もあることに気づいた。

M老人は言った。

「現在、世に出回っている老子書は、老子の表面的な思想概念を受け継いだ人々によって、後世付け加えられた章が半分以上を占めている。残念なことだ」

私は大学で、老子書は一人の人物による書物ではないことは明らかだと教わっていたので、このM老人の言葉にはさほど驚かなかった。
M老人は「老子」を再び手に取り、最初のページをめくって私に見せ、「この意味を知っているか？」と最初の文字を指で示しながら聞いた。

道可道非常道

と書いてある。
この一章は、現在の老子書と同じだった。私は私が知る意味を説明した。この言葉は、道というものは言葉で説明できないほど深遠なものだという意味を表した言葉だと、大学で学んだ覚えがあったからだ。しかし、彼は言った。

「世間ではたしかにそう理解されている。しかし、それはカモフラージュされた表層の意味だ。本当はその意味の裏に真の意味が隠されている」

その後に彼が語ったその内容は、実に驚くべき内容だった。
老子書は、実は秘教の書なのであって、こうした表向きの意味の裏に秘教の書としての意味が隠されているのだという。

　老子が隠しながら世に残そうとしたその裏側の内容とは、簡単に言えば古代の叡智《えいち》だ。老子は二千五百年も昔の人だ。しかし、そんな彼の時代にもすでに失われてしまったほどの太古の叡智だ。彼はその秘密の宝が後世に甦ることを願って暗号的な手法で残したのだというのである。

　その太古の叡智とは、太古の人々誰もが当たり前にもっていた性への深い認識と理解なのだという。性と言えば現代人はセックスのみを連想するが、性とは、人間すべての根源で、人間の心の世界の根源でもあるとＭ老人は言う。心の良きも悪しきも、そのすべては性エネルギーなるものがつくりあげるのだと言うのである。

　Ｍ老人は、この老子冒頭の言葉について中国語で解説してくれた。少々難解な言葉もあったが、一つ一つを教えられながら、だいたい次のような話をしてくれた。


「あなたがたは誰もが異性に魅力を感じ、惹かれる。

　この、異性への思いほど強いものはない。

　そしていずれ、互いに体を求め合う時が来る。

　体と体が出会う時、人は、それまでにない陶酔感を体験する。

その陶酔感の頂点を一度体験すると、人はそれを何度も求めたくなるものだ。それは、あなた方にとって異常なまでに至福に感じられるからだ。

瞬間ではあるが、すべての苦悩を忘れられる。すべてとのつながり合った満たされた愛の中をさまよう。こんな状態がもっとあってほしいと、求める。

こうして人は、無意識に帰復を求めている至福の世界を垣間見るのだ」

「至福の世界」と聞いて、私の脳裏には、最初に滝で出会った少女たちの顔が浮かんだ。まさに彼女たちの顔は至福に満ち、それゆえに私は心が解き放たれるような高揚を感じたことを思い出した。

彼は続けた。

「この至福の世界に、人はセックスを超えて入ることができる。

その時にこそ、永遠なる本物のそれに出会うのだ。

「常《ツエン》」とは「不変」という意味だ。

不変的、かつ普遍的な次元、時間や空間に左右されない絶対的な次元を老子は「常」と言う」

聞きながら、私は私の知らない性への認識をM老人がもっていることだけは察することができた。

私たちは、性とはコントロールし難い本能だと思っている。そんな動物的本能だから、あからさまに性について語ることは、はしたないことだと、私もそう思ってきた。性欲は抑え難い欲求なのだから表に出さないよう抑え込んでおかなければならないと、性を得体の知れない怪物のように恐れてきた。しかし、私たちがそう思うのは、私たちの性がそういう性であるからだ。M老人によれば、現代の文明社会とは、天使である性を悪魔に変化《へんげ》させてしまう社会だと言う。私たちの社会で性が怪物のように大暴れするのは、私たち自身が自然であることを失った結果なのだと言うのである。

彼は続けた。

「老子のＴａｏとは暗号の言葉であり、それは性を意味している。この言葉は、来るべき時まで、封印されなければならないと伝えられてきた言葉だ。

「道可道非常道《タオカータオピーツエンタオ》」とは、あなたがたの知るタオ（＝性行為《エクスタシー》）は「非常道《ピーツエンタオ》」だということ、すなわち、一時的なタオでしかないという意味であり、そう指摘することによって、絶対的なタオの実在をほのめかそうとしているのだ。ほんの瞬時に終わってしまい、次々とそれを求めなければいけない、性や愛の奴隷のような状態にあなたがたは陥っている。性欲に縛られながら、愛を求めてあなた方は生きている。心のどこかで常にそれを求めながら、満たされることなく時と場というものに縛られながら生きている。つまり、あなた方は自由ではないと、そう老子は指摘しているのだ」

M老人の言葉を私は充分には消化しきれないでいた。

「性は人間の根本的な力だ。そのあり方、とらえ方によって人としてのあり方が決まる。その質と次元は、人としての質と次元を決定する。社会全体の性のあり方は、社会というもの全体を決定付ける支配力を握っている。あなた方の社会が欲の奴隷のような状態に陥っているのも、根本に性の問題がからんでいる。常道《ツエンタオ》を知るまでは、人は苦しむ」

この言葉の意味を、私はすぐに理解できたわけではなかった。しかし、そこに大きな真理が隠されているであろうことを、この時、私は直観したのである。

それにしても、なぜ、「道」が「セックス」なのか？

M老人はあたり前のようにそう語っていた。

この言葉の裏にこそ、実は重大な真理が隠されていることを私は後で知るのである。

詳しくは後で説明するが、M老人によれば、老子の言う「常道」とは、宇宙そのものの性であり、意識であるという。

そしてこの真実は、世界の誰も知らない真実であり、ただ、M老人の家系とその村の人々によって二千五百年もの間守られてきた門外不出の秘伝なのだということだった。

そういえば、この村の人々の輝くような人間的魅力のその正体も、この秘密と関連しているのだろうか。

M老人は言った。


「私の村を知れば、人間の本来の性とは何かがわかるようになる」

それにしても、少数民族の人らしきM老人がなぜこんな老子の秘儀を知っているのだろうか。

いったい、この村の人たちは何者なのだろうか。

こんな私の思いに答えるかのように、M老人は、この村の歴史を私に語ってくれた。

「この村は、一つの家を中心に生まれた村だ。その家は、老子の古い写本と秘伝を受け継ぐ家でな。長老は、その家の者が代々受け継いできた。私もその家の者だ」

何とM老人は、この村の長老だったのだ！

そして、最初に案内された質素なお堂のような建物は、代々の長老たちを祭ってある場所でもあったのである。

しかし、M老人の話を聞けば聞くほど疑問はさらに広がってゆく。M老人は漢民族ではなく少数民族の長老であるとしたら、なぜ老子の写本と秘伝を受け継いでいるのだろうか。

M老人は続けた。

「私の家は、老子の子孫であるという言い伝えがあり、様々な言い伝えが先祖から伝えられている」

しかし、ますます疑問は重なるばかりだ。老子の子孫であるならば彼は漢民族ということにならないのだろうか。

M老人は言う。

「老子は、太古の文化を愛した人物だ。

老子は、本当は思想を作ったわけではない。文明化により心の文化が失われる中で、ひたすら太古の文化をそのままに守ろうとした。だから彼の世界観は彼の創作ではない。オリジナルははるか太古の人類の理想郷にある」

この時、私の疑問への答えは与えられたわけではなかったが、この村には老子と関わる何か特別な経歴がありそうなことは理解できた。

Laozi&TaoCode 4

実在するパラダイス

——精霊と交流・交信をする人々

花を見て美しいと感じる心が自身に生じるのは、
花の精霊の働きを自身の魂が感知したからだととらえるのだ。
美しいと感じる心が強ければ強いほど、
精霊への感知力が強いことになる。
精霊たちは人間をより高い次元へと導き、
より美しくさせる力をもつ。

私はこの村と出会った時から不思議な安堵感を感じていたが、日が経てば経つほどその安堵感は私の中で定着し、まるでこの村を何千年も前から知っているような、本当のふるさとに帰ったような、そんな妙な感慨に私は包まれていた。

人間には、肉体の頭を超えた魂の記憶があって、その巨大な記憶は、何千年や何万年も前の生活体験を記憶しているのかもしれない。いや、そうとしか思えなかった。人々に対しても、私は今まで出会った誰よりも彼らに懐かしさを感じた。これも、彼らのもつ資質が、私の魂の記憶にある何万年も前の理想郷時代の資質をそのままに維持しているからなのかもしれない。

私は村の人々と同じように生活できることがうれしかった。川に水を汲みに行くのも、私は毎日村の人々と一緒に行ったし、農作業も一緒にやった。そうした一つ一つのことがこの上なく幸せに感じられた。彼らも、私のそうした姿に好感をもってくれたようだった。

この村での時間はゆったりと流れ、農作業や織物をするのにも、仕事に追われているというふうでは決してなかった。農作業などでは、みんなが同じ歌を歌い、歌に合わせながら収穫したりする。日本の農作業ほど大変ではなく、ほとんど植えておけば収穫するだけのものが多い。

先の少女たちに、強烈な印象を受けたように、同じ東洋人でありながら、彼らの顔の表情は固く緊張感のある今の日本人とはまるで違う。見るだけで心が癒される健康的な笑顔、はずかしがりやが多い若い女性の照れながらの笑顔、彼らは笑顔が一番よく似合う。できればこの村に一生住めたとしたら、どんなに幸せだろうと思った。

近くの川からは魚がとれる。しかし、この魚は、彼らにとって神の使いであり、特別な時にしか食べない。彼らは私を気に入ってくれたようで、私が訪れた歓迎に、長時間かけて祈りを捧げてから川に入り、この魚を食べさせてくれた。これは最大の歓迎なのだと思う。

この村では自然で素朴な農作物だけで食生活は成り立ってしまう。たとえ農作物がだめになったとしても、椎の実、どんぐり、栗などの森の木の実は無限ともいえるほどで、食べ物に困ることはない。また、果物もたくさん植えられていて、野生のものも含め、余るほどにあった。

女性たちは暇さえあれば織物をするが、実用のためだけならすぐにできるところを彼女たちは時間をかけて丁寧に仕上げる。これは、生活に必要なだけでなく、衣装を楽しもうとする美しさへの憧れからそうしているのだろう。彼女たちの作品は一つ一つ違っていてどれもみな美しく、明るく色鮮やかなこの衣装を男性も女性も着ている。機械的に生産された服しか着たことのない私は、この村に来て、心を込めた手作りの衣装というものが、こんなにも人の心を豊かにするものだと初めて知った。彼女たちの織った布は、スカートとして腰に巻きつけたり、女性は胸から巻き付けたりしていることが多く、ワンピースの衣装のように作られたものは、正装用のようだ。誰もが髪が長く、きれいな髪を独特の形に丹念に結ってあることが多い。髪には男性も生花を付けて飾ることが多い。私たちよりもはるかにおしゃれを楽しんでいることに感心させられる。

しかし、後で村の少女たちと話したり行動を共にしたりしてわかってきたのは、この村の人たちの美の概念は、私たちとはだいぶ違うということだった。

実は、この概念こそ、老子の性の概念ともつながるものであることが、後でわかるのだ。彼女たちは森の中で美しい花に出会うと、両手を上方に、やわらかく、何かをすくい上げるようにゆっくりと伸ばしてかすかにおじぎをしつつ手のひらを自身に向ける。何かのおまじないかと思ったが、後でその理由がわかってきた。彼女たちは、花を見て美しいと感じる心が自身に生じるのは、花の精霊の働きを自身の魂が感知したからだととらえるのだ。

私たちは花を見て美しいと感じるのは花が美しいからだと考えてそれ以上を考えようとはしない。しかし、なぜその色を美しいと感じ、その形を美しいと感じる心が自身の中に生ずるのか、その心の働きは実際には論理的に説明できるものではない。彼女たちは、単なる視覚上の問題としてだけでは説明付けられないこの美の感覚の発生因に精霊の存在を認めているのだ。だから、美しいと感じる心が強ければ強いほど、精霊への感知力が強いことになる。精霊たちは人間をより高い次元へと導き、より美しくさせる力をもつ。だから、彼女たちは、自身の魂や体が美的感応を生じた時には、それを生じさせてくれている精霊たちと交信し、交流しようとするのだ。

これは、花だけでなく、たとえば遠くの山々が霞みに霞んで神秘的な雰囲気が漂う時などにも、山々に向かって同様の交信をしている場面を時折見かけた。

これがどうして「性」と関連するのかと、読者は思うことだろう。その理由を、知識としてではなく、体験的に知った私の体験を通して、私は読者にもこの本を読み終えた時に、私に近い疑似体験ができるよう配慮してこの先を書いてゆくつもりである。

少女たちはよく花輪を作る。しかし、これも単なる遊びやおしゃれではなく、精霊たちの加護を受ける意味だということを後で知った。これに限らず、私からみたら、信仰行為のように思える様々な彼女たちの行為も、すべて私自身の認識不足、能力不足によってそうみえるにすぎないという現実に、私は直面することになった。彼女たちは私たちの認知できない世界を認知し、私たちが語り合うことができない存在と語り合っているのだと、私はしだいに謙虚な思いで彼女たちをみるようになっていった。

私はあの滝で村の少女たちに最初に出会った時、その不思議な雰囲気から、まるで妖精か、天使か何かに出会ったような印象を受けたが、これは、彼女たちの心の世界のイメージが私たちとはまるで異なっていて、その心像世界が彼女たちの雰囲気となり、実際上の形となって表現されていたからかもしれない。もしかしたら、実際に彼女たちは花の精と共にいるのではないかと、私でなくても彼女たちを見ればそう思うに違いない。

実際に、彼女たちの性質は、花のように無私で、花のように人にやさしかった。彼女たちは、自身の輝きが衰えたと感ずると、まず、精霊の働きを働けなくさせてしまった自身の心のあり方を振り返ろうとする。そして純粋無垢な花の精たちと交流することで精霊本来の働きをとり戻そうとするのである。美しさのために化粧品を買いあさり、流行通りに着飾って自尊心を満足させている文明社会の女性と比べ、どちらが質の高い美しさであるかは、彼女たちの存在そのものがそれを証明していた。

先の衣装作りも、本当は単なる美の追求ではなく、彼女たちにとってそれは自然の精霊を織物に宿す行為を意味するのだと知った。彼女たちは精霊たちと一つになり、精霊たちに揺り動かされてそこに魂を宿す。だからあれほどまでに彼女たちの織る織物はいきいきと輝くのだ。

織物ではなく、木の葉を連ねたスカートを身に着けている人もいるが、これもやはり木の精霊に守られる意味があるのだそうだ。しかし、彼女たちはそうしたことを楽しんでやっていることも確かである。とくに木の葉のスカートは遊び心を満たすもので、子供たちもよく作っていた。しかし、そんな自然のままの衣装が、こんなにも女性を魅力的にさせ、快活に感じさせるということに驚かされた。

彼女たちは様々な自然物でパックをする習慣があり、そのせいかどうかはわからないが、彼女たちの肌は透き通るように美しくきめ細かだ。しかも不思議なほど知的で端正な顔立ちの人が多い。

家の入口には南国を思わせる大きく鮮やかな花が咲き乱れ、こうした花々も、やはり精霊を招く意味があるようだ。

村一帯の地面は、きれいに竹箒《たけぼうき》で掃かれ、地面についたかすかな箒の跡が心地よい。家と家との配置など、そうした全体に、美しさと、なぜか懐かしさが感じられた。

掃除は男の人たちもよくやっているが、これも労働というよりは、気持ちよさのために行っている（この気持ちよさという概念も、私たちのそれとは異なっている）のだ。

また、男の人たちは、土器作りを女性にとっての織物作り同様に楽しんでいた。彼らにとって土器作りは、娯楽でもあり、芸術でもあり、宗教でもあるだろう。文明社会の陶芸家には作れないような大胆さと力強さが感じられる造形のセンスは、彼らにとってそれが、一つの精霊との交流行為であるところから生じているのだろう。

彼らの生活は、ある意味ですべてが芸術行為とさえ言える。それも、私たちの言う芸術とは異なり、いたずらな美だけの追求ではない。彼らの創り上げた一つ一つはどれをとっても生きているかのように私の心に語りかけるのだ。

電気がない彼らの生活は、七時半頃には就寝の時間で、朝は四時半頃には起きる。もちろん、これは私たちの時間概念による説明であって、彼らにはそんな認識はない。彼らは、お日様と共に寝、共に起きるだけなのだ。日本のようなふとんはなく、わらのような植物素材の上に布をかぶせただけのベッドだ。しかしこれが意外にも心地よい香りがして快適な寝心地であった。

薄暗くなった天井を見上げて横になる。天井とは言っても、日本のような平らな天井ではなく、屋根裏がそのままの天井だ。

平らなものや直線のものはまったくないことに気づく。柱も、自然のままの素材で微妙な曲線を描いている。そんな天井を見ながら、逆に日本は家も町もすべてが直線の世界であることに気づかされる。この直線のない空間が、私に日本では体験したことのないような安らぎを与えた。直線というものがこんなにも人間の意識に強い刺激を与えていたものなのだということに気づかされた。そういえば、自然界に直線がないように、この村にも直線の物は一つもない。道さえも、彼らの村は微妙な曲線で構成されている。これは、彼らが時間に追われた生活をしていないからだろう。彼らは時間の合理性よりも、空間感覚の豊かさを優先しているのだろう。

ともかく、こうして、まるで大きな胎内に守られているような家の中で、私は太陽と共に寝て起きる生活が始まったのだ。

M老人は時折、私と夜を迎えながら、家の中央の炉で明かりをとりながら村に伝わる神話を話してくれることがあった。彼の話はまるで詩のようにリズムがあり、美しかったが、こうした話は、各家庭で年配者が子供たちに語るのだという。

先の話に戻るが、こうした彼らの家もまた、精霊認識に基づいていることを後で知った。彼らは住居を建てる際に、まず中心となる柱か炉を設け、そこに精霊の降臨する儀式を行う。そしてその後にその周囲に住居を形作る。「すまい」とは、彼らにとって精霊の働く場であり、彼らの認識の中では子宮に相当するのだそうだ。だから住居が完成するとそこで働き給う精霊に祈りを捧げる。「精霊の宿る場である空間に、精霊の仮の姿である人間も住まわせていただく」これが彼らの建築概念なのだ。この村の家々が、不思議な懐かしさを感じさせたり、あたたかい何かを感じさせるのは、こうした認識の上に彼らが家というものを造るからかもしれない。

また、彼らの家はまるで新築のような真新しい美しさが感じられる。これは物理的には、彼らが住居を精霊の場と考えるために、常に家を新しく保つためもある。彼らの家は特定部分を新しくとり替えることができるような仕組みになっており、冬至と夏至の前に新たにとり替える習慣がある。これは考えてみれば生命体が、常に新しい細胞に入れ替わるのと同じだ。

この村に来て一、二週間ほどで、意外にも私は日常生活にさほど困らない程度に彼らの言葉を理解できるようになった。

彼らの言葉は日本語とまったく同じ語順の言葉であった。日本語と同じ文法構造の言語は数少ないが、チベットや中国の南方地域のごくわずかな少数民族がそうであることを後で知った。言葉の発音は時とともに変化するが、言葉の構造が変化することは少ない。ということは、この村の人たちは、日本人の遠い兄弟なのかもしれない。

ともかくそんな言葉の性質もあって、私はすぐに彼らの言葉を理解できるようになったのである。

Laozi&TaoCode 5

明かされたTaoの真実

── 秘儀と哲学を重ね合わせた人間本来の生きる道《タオ》

「老子は借字を応用して、
一つの詩文に二重の意味を意図的に重ね合わせた。
その一つは、当時の社会が認め得る表向きの内容。
もう一つは、あからさまに書いたならば
当時の社会が受け入れ理解することが
できないとわかっていた内容だ」

私は現在、日本に住んでいる。M老人と出会ってから、すでに二十七年も経過しているというのに、お堂の中で老子の秘教を私に伝授する彼の姿は、昨日のことのように鮮明に甦ってくる。

M老人から、老子第一章の解読法を初めて伝授された日は、雨の日であった。

この村にはカサをさす習慣はなく、雨の日は家の中で過ごすのが常である。M老人は、今日は朝方は雨になるが夕方は大丈夫だと言って私を誘った。私たちは霧の中をお堂に向かった。M老人の天気の予測ははずれたことがなく、お堂に着くと、やはりポツリポツリと雨が降ってきた。私はこうした雨の音も好きだ。やはり平和で落ち着いた気分になるからだ。

雨の音を背景に、M老人は老子書を開き、一章の秘密を語り始めた。

老子書の第一章の最初は、次のような対句で始まっている。

道可道非常道
名可名非常名

彼は言う。

「この意味は、
道が、語ることができたとしたら、それは不変の道ではない。

名づけることができる道は、不変の道ではない。

と解釈されている。しかし、先日も言ったように、これは、表面上の意味にすぎない」

二千五百年もの間、老子書冒頭のこの言葉は、このように理解され、このような意味の言葉として語られてきた。もちろん、老子はそう解釈されるように書いたのであり、計算通りに人々はそう解釈してきたにすぎないのだとM老人は言った。

彼は続けた。

「しかし、この同じ文字に暗号を用いることで、老子は次のような内容を同時に語っているのだ。

あなた方が簡単に行う（ことができる）セックス（の一体感）は、一時的なものにすぎない。
セックスという名で知られるそれは一時《いっとき》のものにすぎず、不変なるそれはそれを表す名前すらない」

一般に知られた解釈とはあまりにも違うこの解釈に、読者は驚くだろう。しかし、その驚きは、かつてM老人を通して体験した私の驚きでもある。

セックスがそんなにおおまじめに語らなければならないほどのものなのか、人間の一行為にすぎないではないかと思う読者もいるかもしれない。あるいは、そんなにセックスにこだわるなんて、老子はただの色情狂かと思う人もいるかもしれない。しかし、老子はそれを通して、人々がまったく認知できていない世界を語ろうとしているのだ。しかも、その性なるものの奥にある何かこそ、一般的に解されている表側の意味である「真実の生き方（道）」へと人を導くことを示唆するという、二重構造で老子はこの詩文を語っており、この冒頭の詩文の二重の意味を解読する方法がわかれば、基本的に老子書全体の暗号解読方法がわかるようになっていると彼は言う。

では、どうやったらこの冒頭の詩文の裏に隠された暗号的な意味を解読できるのか？

彼は私に聞いた。

「この詩文の中心となる一つの文字に二重の意味が重ねられているが、その文字はどれかわかるか？」

私は答えた。

「道《Tao》ですか？」

彼は言う。

「その通りだ」

その次の瞬間、老子の秘教の封印を解く鍵が、ついに語られたのである。

彼は言った。

「Taoの真の意味を知る手がかりは借字だ」

そうだったのか！

借字とは、同じ音の字を借りて使われた字であり、本来とは異なる意味の字が音が同じであるというだけで用いられたものである。

当時の中国の書物には数多く借字が使われていた。これを老子は意図的に応用し、その哲学的意味の裏に秘教的意味を隠したのだ！

この冒頭の句に限らず、老子書はあいまいな抽象的意味の文章があまりに多いと言われている。しかし、この「道」という語がある語の借字であることを知ると、そうした抽象的であいまいな意味が一挙に消え去り、まったく別な、明確な意味の文章として甦る。これは、最初から老子が、「道」とは別な意味でこの文字を用いた証拠であると、M老人はその秘密を語り始めた。

彼は言う。

「老子は借字を応用して、一つの詩文に二重の意味を意図的に重ね合わせた。その一

つは、当時の社会が認め得る表向きの内容。もう一つは、あからさまに書いたならば当時の社会が受け入れ理解することができないとわかっていた内容だ」

老子は、この両者の意味を合わせて、自身の言わんとする意味の全体を語ろうとしているのだと言う。

では、その「道」の文字の裏に隠された、本来の文字は何なのだろうか？

たった一文字ですべての意味を変えてしまう文字というものがあるのだろうか。

雨音がするお堂の中で、M老人は墨を磨り始めた。その文字を筆で書こうというのだろうか。お堂の中に墨を磨る音が一定のリズムで響く。無言であった。いつものことだが、彼の周囲に広がるこの静寂は、私の心を限りない深みへと引き込む。このようにして長老の家ではこのお堂の中で先祖から子孫へとこの秘伝が伝えられてきたのかと思いながら私は彼の硯《すずり》を見つめていた。

彼は筆で文字を書き始めた。私が見たことのない文字だ。彼はその文字を示しながらゆっくりと言った。

「これが本来の文字の「擣《Tao》」だ」

次にM老人の口から出た言葉の衝撃は、今でも忘れられない。

彼は言った。


「このタオは「突く」という意味であり、当時の中国における、いわゆるセックスを意味した隠語なのだ。「道」をこの意味で読むと、老子書は世界的に信じられているその意味とはまったく違う意味に再生する」


一瞬の静寂がお堂に広がった。

何ということだろう。たった一つのこの暗号によって、二千五百年もの間、その意味が封印されてきたとは！

M老人の解説は続く。


「彼は人間の生き方を説こうとしていた。しかし、それは当時の他の思想家たちの説く人間の生き方のような次元のものではなかった。

観念的な思想でも、道徳的な規律でもない、人間の存在そのものに根底からつながる道を彼は知っていた。

その道に至れば、人間の苦悩という苦悩は結果として消滅する。他者や他の何ものも傷付けることのないあり方へと自ずと至ることになる。

そんな『道』を誤りなく伝えるためには、性について語ることがどうしても必要だった。

そんな彼の脳裏に、天は啓示を与えたのだ。

老子は、人間の生き方を意味する『タオ』と、セックスを意味する『タオ』とを写し鏡のように二重表記することで、彼の語らんとする真の道を正確に、しかもセックスについての描写と悟られることなく表記する方法を編み出した。それが老子書の何たるかだ。

だから老子は異なる二つの意味を一つの文章で表現している。

同じ文章が全く異なる二つの意味に解される不思議な書。それは、こうして生まれたのだ」

なぜ「道」を語るために「性」を語る必要があるのかを、私はまだ充分に理解できたとは言えないが、老子が「道」という言葉を用いた理由は理解できた。

私の心の内の疑問に答えるかのようにM老人は言った。

「人間は真に宇宙と一つにつながる時、肉体的なセックスのそれなどとは比べものにならない、時間と空間を超えた絶対なる至福に至る。それは、古来、賢者たちが語り続けてきたような、宇宙万物と合一した境地と異なるものではない。

この万物一体感とはどんなものかを、老子はセックスにおけるエクスタシーをヒントにして伝えようとしたのだ。

このような超時空間的なエクスタシーが、人間にはセックスを行わずして起こり得ること、しかも、尽きることなく、無尽蔵にそれは起こること、それを老子は『常道』と表現しているのだ」

「しかしそれは単なるヒントではない」と、彼はつけ加えた。

雨の音が先ほどよりも一段階強くなったようだ。M老人はゆっくりと立ち上がり、お堂の入口に行き、私を招く。二人でお堂の入口の段に腰をおろして、私たちは雨の降る山の自然と対面した。ひんやりとした空気と、わずかに風で飛んでくる雨が皮膚にあたるのが気持ちいい。ことに南国の雨の日は、まるで空気の水浴びでもしているようで、冷たい空気が気持ちよく感じられる。私の体が感じるこの気持ちよさは、木や草や花や、この空間にいるすべての存在の気持ちよさのような気がしてくる。

彼は、自身がこの雨の空間の一つであることを味わうかのように遠方を見ながら無心に座り続けていた。私の心も、この雨とともに深く静まりゆく心地よさを感じていた。その心地よさはこの連続する雨音の中でしだいに深まり、限りない静寂な世界へと私を引き込んだ。気が付けば、私は時を超えたかのようなこの空間と同化している私自身を感じていた。その感覚が、私が今ここに存在しているという、その存在の悦びを、不思議なほど私に運び込む。

M老人と出会うまでは、私はこんな空間や自分自身を感じたことはなかった。いつもそうなのだ。彼と一緒にいると、この眼前に広がる空間自体が、まるで生きた広がりに感じられてくる。そして、自分自身もそうした世界の一部だという実感が、不思議なほどの幸福感を伴って感じられてくるのだ。同時に、何を見てもいとおしさと言おうか、そうした感慨が自然にわき起こってくる。彼の存在に私の心が感化されるからだろうか。

彼のまわりにはいつも悠久の時が流れている。彼のような人がいつも近くにいてくれたなら、どんなに私は幸せになれるだろうとふと思った。彼といるだけで、私の心は、その静寂のリズムに正され、あるべきように導かれるのを感じる。単なる自分自身の努力ではどうにもならない何かが、彼といるだけで変化する。心の世界までもが空間とともに整然と整えられてゆくかのようである。彼は、人間の生き方や、人生についての質問に、私の魂の最も満足する答えを与えてくれる。しかし、それ以上に、彼がかもしだすこの静寂の空間こそが、私が生きていることの意味を最も深く実感させるのだ。

この静寂な空間に、一つのメロディーを奏《かな》でるかのように彼は言った。

「草も木も、こうして身も心も洗われることを楽しむのだ」

彼の言葉が厳《おごそ》かに私の魂に響く。

このたった一言が、私に様々な感慨を持ち運んだ。

彼の言葉は、今、私がここで感じていたその通りの言葉であった。

さらに彼の言葉は続いた。

「天から与えられるこの水たちによって、木の葉は洗われ、艶《あざ》やかに甦る。彼らが、この、天の『与え』をそのままに受けとめ、悦ぶのは、『時』というリズムの本質を知っているからだ」

彼が言い終えると、静寂はさらに広がる。

その静寂の中に、彼の言い終えた言葉のリズムが反響し、こだましているかのように感じられる。

その静寂の後、彼はゆっくりと言った。

「この世界は、『時』というリズムによって生きているのだ。
Ｔａｏへと至るには、雨のリズムを味わい、晴れのリズムを悦ぶ、
この、木の葉たちと同じように、
『時』というリズムの本質と繋がり、
『空間』という歌に耳を傾けることだ」

この言葉も、その後の一瞬の空白で、声に出してはいない彼の無数のメッセージを私に運び込んだかのように思われ、「時」のリズムの本質とは何かがわかりかけた気がしてきた。

しばらくの間をおいてから、話題を変えるかのように、彼は言った。

「人類の歴史も、一つのリズムに違いない」

M老人はそれ以上何も話さなかった。

この時、私の脳裏には、老子のことが浮かんできた。彼の語ろうとした「道」の意味は、二千五百年もの間、封印され続けてきた。同時に、性というものも隠れた世界のものとなり、日の目を見ることなく人類の聖なる性は封印され続けてきた。その間、人類の歴史は大規模に発展し、繁栄したかのようだが、その繁栄の裏で、より本質的なことがいくつも忘れ去られ、かつてなかった不幸を次々に作り上げてきたようにも思われる。自然界にリズムがあるのと同じように、人類の歴史も、巨大なリズムで生きているのだろうか。様々な思想や宗教が氾濫し、国と国とが自己の存続のために争い合い、調和とはほど遠い状況にある私たち人類は、これから、そのリズムに乗って、再び人間としての原点に目が向けられる時代に進めるのだろうか。太古には、人類はどんな民族も、性の中に神を認識する普遍世界に身を置いていた。その、人類にとっての共通の原点に復帰することこそ、私たち人類が再び一つに調和する道でもあるのではないだろうか。それを実現する最大のヒントは、「時」のリズムの本質に繫がることかもしれない……

ふと、そんな思いが浮かんできた。

M老人は、その間、私に考えさせるかのように、何も語らなかった。

こんなことが度々あった。彼と一緒にいると、その静寂の空間の中で、それまでの私が一度も考えたことのないような思索が次々と湧き起こるのである。

この、時間と空間を超えたかのような世界から、私たちは再びお堂に戻った。同じお堂の中が、先程とはまったく違う次元に感じられた。

彼はもう一度老子書を開いた。

一章の全体は次のように書かれている。

道可道非常道
名可名非常名
無名天地之始
有名萬物之母
故常無欲以観其妙
常有欲以観其徼
此兩者、同出而異名

同謂之玄、玄之又玄、衆妙之門

この意味を、だいたい次のようにＭ老人は解説した。

あなた方がよく行い、Ｔａｏと言っているそれは、
かりそめのＴａｏでしかないのだよ。
私はこれからとこしえなる究極のＴａｏについて語ろう。
この宇宙を生み出したのは、
その名前すらない究極のＴａｏだ。
あなた方の知るＴａｏは、その擬似的現象にすぎない。
だから、欲望的次元から離れ、Ｔａｏなるものの真の本質を観るのだ。
精妙なる至福世界がその奥にはあるというのに、
Ｔａｏを情欲の対象としか思わない人々は、
自身の描いたその粗野な世界に縛られ続けるだけだ。
あなた方が知るＴａｏ《交合》は、より根源の見えないＴａｏ《交合世界》の一時的表れでしかないのだよ。
あなた方はこの肉体的なＴａｏにさえ不思議な魅力をもつというのに、

さらにその奥にあるその何倍もの深遠世界を、どうして知ろうとしないのか。
それこそが究極のＴａｏ、
すなわち、森羅万象を抜き超えた至福の領域なのだ。

妙＝精妙な超越世界
徼＝粗野な現実界
玄＝深い穴のような深遠な世界
　不可視の領域
　ここでは、
　玄＝見えざる女性器の穴の中を暗示
　玄之又玄＝万物を生成する究極の見えざる次元
衆妙＝万物の根源にある超越次元

彼の解説を聞いていると、この、わずかな詩文の中に、広大な宇宙を見るような気がしてくる。このわずかな言葉の中に、人類の諸問題すべてを解決するかもしれない解答が詰まっているような気がしてきて、暗号の秘密を知らされながらも、私はこの言葉の深さをとことん学びたい衝動に駆られてくる。彼の言った「時」のリズムの本質も、この言葉の中にその答が封印されているのではないかという気がしてきて、M老人から直接にそれを聞きたい衝動に駆られてくるのだ。

しかしそれは、言葉を超えて、M老人から私にきっと無言で伝えられているのだろう。

さて、解説に戻るとしよう。

この一章の一般に知られている表面上の意味は、次の通りだ。

これが道だと言葉で表せる道は、絶対なる道ではない。

この宇宙は、名などない働きから生じたのだ。

しかし、一つ一つの存在は、

その働きから生じた名付けられた存在が生み出した。

だから、無欲になればその不思議な働きがみえてくる。

欲がある限り、対立する表面界しかみえないのだ。

この名のある領域も名のない領域も、

同じ源から出ているが、名があるかないかが違っている。

この奥深い働きの最も奥にある働きが万物を生み出すのだ。

見ての通り、表面上は、まったくの哲学的抽象論としてこの一章は語られているのだ。

この一章について、M老人の解説を元に、私なりに解説を加えると、次の通りである。

まず、表面上の意味においては、次にくる「故常無欲以觀其妙　常有欲以觀其徼」が、なぜ突然欲の問題に話が飛躍するのか不自然だ。実際に老子の訳者の中には、意味が不自然になるために、この言葉を完全に無視して訳す人もいる。

ところが、「道」を先の意味で解釈すると、意味は自然な流れですべてつながる。これは、老子が裏の意味を最初に考え、後に一般に理解されている表の意にも解釈できるよう配慮した証拠である。

最初の「道可道非常道　名可名非常名」と次の「無名天地之始　有名萬物之母」とのつながりもやはり不自然さが残っている。ここでの「無名」とは文の流れからして明らかに老子の言おうとする「道」を示している。しかし、一般の意味における老子の「道」は、「人間本来の無為自然の生き方」のはずである。「人間本来の無為自然の生き方」が天地を創造したというのは、直観的に意味を予測して解釈する以外にない。

また、表向きの意味では、「道可道非常道」すなわち「道は語ることはできない」と言っておきながら、老子は道について老子書で語ってしまうという矛盾が生ずる。しかし、裏の意味を知るとき、この詩文は、そんな単なる抽象論を語っているのではないことが明らかになる。

老子書が二重に意味を重ねるその原理は、実はこの冒頭の句そのものの中にも含まれている。

「道可道非常道」はそれだけでは意味を解釈し難く、それと対の関係にある「名可名非常名」とを合わせて理解しようとするときに、はじめて真意がわかるという仕組みになっている。これは老子がよく用いる文章表記の顕著な傾向であり、老子書はほとんどこのような対句で成り立つ詩である。これは一種のリズムであり、この老子書に流れるリズムは、宇宙のリズムを掌握した人間の特徴なのだとM老人は語っていたが、とりあえずここでは老子の思考パターンの傾向として理解してみよう。

この、陰陽を一組にしてとらえる老子の思考パターンや文章表記上の個性を知っていると、彼が「道」という借字と、その本来の文字である「擣」との意味の両方を合わせて表現しようと発想したことが容易に推察できる。

老子は、詩文対句表現のさらにその中に借字による暗号対句表現を重ねるという、相対陰陽によって一つの概念を伝えようとしているのだ。詩は、散文と比べ、わずかな文字によって多数の情報を伝えることができる。しかし、老子書は、そうした詩文表現さえも超えた暗号詩によって、尽きることのない泉のように、わずかな語句が、無限のビジョンを伝え、無限の情報を生み出す。M老人によれば、この散文どころか詩的表現さえも超えた独自の記号的宇宙を実現する表現法そのものが、宇宙の法則を示しているのだという。

以上のようにして表記された老子書は、当然、暗号的な裏の意味だけでなく、表の意味も含めて一つの意味を伝えようとしているのだ。

だから、そもそも、老子書の直訳などナンセンスなことだ。

老子書一章の全体をそうしたトータルな視点で解釈すれば、次のような意味となる。

これが真実なる道だと言葉で語られるような道は、
決して不変なる絶対真理ではない。
真に不変なるそれは、
そんな言葉の先で理解できるようなものではないのだよ。
だが、そんな真なる道を誰もが垣間見る瞬間がある。
それは頭の先の世界とは正反対に位置する、性の体感だ。
だが、これもまた、真なるタオの雛形にすぎない。
あなた方の知るタオ（性行為とそれに伴うエクスタシー）は、

真なるタオの模倣的表れにすぎないのだよ。
その奥の奥に隠された不変なる宇宙の働き、それが真のタオだ。
だから、いいかい、この宇宙の本質とは、究極の悦《エクスタシー》なのだよ。

こうしたことがわかると、老子書では、「道」以外の語句も、文全体の中で、もう一つの別な意味を重ねられているのだということがわかってくる。

たとえば二十一章には次のようにある。

孔徳之容、惟道是従
道之爲物、惟恍惟惚
惚兮恍兮、其中有象
恍兮惚兮、其中有物
窈兮冥兮、其中有精
（二十一章）

最初の「孔徳之容、惟道是従」は後で説明することにするが、二行から五行までは恍惚《エクスタシー》（＝惟恍惟惚）状態で射精する描写であることは漢文に慣れない人でも察しがつくだろう（三行から五行までは対句によって一つの意味を表している）。それに対し、表側の意味としては、「惟恍惟惚」は、「とらえどころがない」意を表している。このように二重に意味が解釈できるように配慮された箇所が老子書には何箇所もあるのだ。

よく知られた老子の言葉に、「大道すたれて仁義あり」がある。このような性描写を伴わない有名語句も、以上がわかっているとさらに深い解釈が成り立つ。

一般に知られたこの意味は、

世の人々が尊ぶ仁儀（人としての規律、道徳、倫理など）は、人としての本来のあり方が失われたがゆえに必要とされるようになったものだ。（ゆえにそれらは人間に真の幸福をもたらさない。）

というほどの意味だ。

しかし、その裏側に、より深い意味を老子は隠している。この場合の「大道」も、やはり「大いなる宇宙の聖性」である大道（いわば、ｕｎｉｖｅｒｓａｌ　ｓｅｘ）を意味している。

この詩文も、実際の老子書では対句で構成され、

大道廃、有仁義
智慧出、有大偽
（十八章）

となっている。
老子の言わんとする意味はこうだ。

大道（universal sex）は、尽きることのない至福の世界をもたらし、本源からの調和をもたらす。これによらずにして人々が和することなどどうしてできようか。この本源なるものを失ったまま、頭の先で人と人との関係を調和させようと考え努める人々の姿は愚かという他はない。人としてのあらゆる偽りは、この本源を忘れた知恵から生じるのだ。

M老人は、この大道へ至った状態を次のように説明してくれた。

「文明人は万物一体感というが、これは実のところ『感』などではない。万物と道（ｓｅｘ）が始まるとき、実際に万物との間には交流が起こる。この交流状態は、言葉に表せないほどの至福感を伴う。ゆえにこの至福感は観念的な『感』（感情）ではない。実際のエネルギーの流動であり、自他共に共動の変容が生じているのだ。その共動の認知の状態がこの至福感だ。真の調和は、こうした本源の共動からのみ生ずるのだ」

老子の言う「大道」は「人としての本来のあり方」などという、曖昧な抽象論ではない。その真の本源をズバリと語っているのである。

自然万物は常にこの大道に導かれる。それゆえに完全調和を保つのだ。

M老人はまた、老子の言葉を引用して、次のようにも語ってくれた。

「野原の花々があんなにも美しいと感じられるのはなぜかわかるか？

それは、彼らが風と語らい、他の花々と語らい、すべてと交感し合っているからだ。

そしてその至福に満たされているからだ。

幼な子が、あんなに無邪気な悦びに満ちているのはなぜかわかるか？
それは、大人のようなはからいがなく、自然万物と同じ様に柔らかく流動的だからだ。
よく聞くがいい。
悦びとは流動だ。
輝きとは交感だ。
それは、最も深い感動だ。
万物は流動し、交感し合っている。
それゆえ、すべては悦びに満ちているのだよ」

「載營魄抱一。能無離乎。
専氣致柔。能嬰兒乎。」

営魄に載りて一を抱き、能く離るること無からんか。気を専らにし柔を致めて、
能く嬰児たらんか。
（十章）

「エクスタシーに達している女性を観てごらん。
彼女は体全身で至福に満たされ、
無の中にいて、一体感に包まれる。
大いなる愛の中にいる。
彼女には無心の中で大いなる流動が起きている。
これは一つの指標だ。
真に道に至るとき、これが常となる」

「天門開闔。能爲雌乎。
明白四達。能無知乎。」

天門、開闔して、能く雌と為らんか。明白にして四達し、能く無ならんか。
（十章続き）

彼はさらに言う。

「文明人は性を人間の一部だと思っている。これは大きな誤りだ。性が人間の一部なのではない。むしろ人間が性の一部なのだ。

文明人は性を生命活動の一部だと思っている。性が生命活動の一部なのではない。生命活動が、性の一部にすぎないのだ。

性は生命がつくりあげたものではない。生命以前からあるものだ。

性をみつめれば人間がわかる。人間の本質は性なのだから。

性を極めれば宇宙がわかる。宇宙の本質は性なのだから」


彼の言葉は、まるで詩のようだった。

森に入れば森の木々たちと自身との間に見えないＴａｏ《交感》が自ずと生ずる、そうした姿が人間本来の姿なのだと彼は言う。人間は本来、万物と会話できる存在であり、それは、こうした本来の性の次元に復帰した時にのみ実現する、崇高な存在としての人間の姿であり、平和をいくら主張したとしても、こうした次元から遠ざかっている限りその実現は不可能なのだと彼は言うのである。

私たちはあまりにも音声の言語にたよりすぎ、この万物がもっているコミュニケーションを忘れてしまったのかもしれない。自然界と不調和な現代の人類のあり方は、確かにその結果かもしれないと私は思った。

Laozi&TaoCode 6

性なる宇宙

——性の至福感《エクスタシー》は
宇宙本源の性が生命に表れる疑似体験

性の至福感は、人間を真の心の宇宙へと誘う。
人間はもっと幸福な感覚の中で生きることができるはずだと、
迷える人々の潜在意識に光を灯す。
それは見えない潜在世界における導き手だ。
……それが老子書なのだ。

私は毎日のようにお堂にM老人に連れられては、少しずつ老子の秘儀を学び続けた。

すでにふれてきたように、老子のＴａｏは性を意味する隠された言葉である。

しかし、老子書の中で暗号となっているキーワードはこれだけではない。

この「道」と対となる秘められた暗号語があるのだ。

それは「徳《Ｔｏｕ》」である。

「道」は「性」を意味する一方で「男性器」をも意味する。それに対して「女性器」を意味する借字暗号語が「徳」なのだ。

では、この本来の文字は何か？

M老人は、やはり筆でその文字を書いて私に示してくれた。

その文字は「竇《Ｔｏｕ》」という文字だった。

この文字は「まるい穴」という意味の文字で、女性器を意味する当時の隠語だったのだとM老人は言った。

この語はたとえばこんなふうに用いられる。

孔徳之容、惟道是従
道之爲物、惟恍惟惚

惚兮恍兮、其中有象
恍兮惚兮、其中有物
窈兮冥兮、其中有精

孔徳《こうとく》の容《よう》、惟《こ》れ道に是《こ》れ従う。

道の物を為す、惟れ恍《こう》、惟れ惚《こつ》。

惚たり恍たり、其の中に物有り。

窈《よう》たり冥《めい》たり、其の中に精有り。


（二十一章）

この表の意味は次の通りだ。


大きな（孔）道を得た者（徳）のあり様（容《すがた》）は根源的な真理（道）にのみ従っている。

道はとらえ難くおぼろげ（惟恍惟惚）な次元から形ある世界を生み出す。

その大いなる深みの中（窈兮冥兮）でこそ霊妙な働き（精）が生ずるのだ。

しかし、その裏の意味を直訳すれば次の通りである。
女性器（徳）の穴（孔《あな》）の容《うつわ》は、男性器（道）のつき方に従う。
男性器がつく時には恍惚《エクスタシー》となってすべてをまかせる。
精子（精）を放出すれば、
ただただ恍惚としてそれを受け入れる。
恍惚の中でこそ、
深く神秘なその穴の中（窈兮冥兮）に、精液は放出されるのだ。

そこから彼は宇宙の最も聖なる次元を垣間見ようとする。
それが、次に続く句である。

其精甚眞、其中有信
自古及今、其名不去、以閲衆甫

吾何以知衆甫之状哉、以此

其の精甚《はなは》だ真なり、其の中に信有り。
古より今に及ぶまで、其の名去らず、以て衆甫《しゅうほ》を閲《す》ぶ。
吾れ何を以て衆甫《しゅうほ》の状を知るや、此れを以てす。
（二十一章）

欺き得ない確かな創造を為す、
この性なる現象の奥に、私は至高なる真実をみる。
時代なるものを抜き超えた、不変なる天の本質がそこにはあり、
それはすべてを統治する力でもある。
なぜ私にすべての諸法則がわかるのかといえば、
それは、この性なる働きの奥にすべてを観るからだ。

老子書は、表の意と裏の意を合わせて一つの意を表すが、この場合も例外ではない。

両者による老子の真意を詳しく意訳すれば、次の通りだ。

真に徳ある人といえるのは、道《Tao》にすべてを明け渡した人のみだ。
彼は、まるで男性にすべてを明け渡した女性のようになる。
女性が恍惚とした快感の中で精子を植え込まれるように、
大いなる至福の中にある人は、
宇宙の本質英知（精）に揺り動かされ、
その悦びに震撼する。
かすかな精子が、誤ることなく人体を築くがごとく、
見えざる精（英知）は、
すべてを（あるべきところにあるべきように）導く。
この精こそ、すべての現象を抜き超えた永遠不変の本質だ。
私になぜすべての諸法則がわかるのかといえば、
それは、
性なる精を超えた、
この聖なる精によってである。

M老人によれば、大自然の動物も植物も、そのことごとくは本質を「恍惚《エクスタシー》」においているのだと言う。だからこそ、私たち人間も、この「恍惚」に目的をおく必要があるのだと言うのである。私は、今まで信じていた自身の人生観とはまったく次元の違う、この視点に強い衝撃を受けた。

彼は言う。

「美しく咲き乱れる花々が甘い蜜を出す時、彼女たちが恍惚感を味わいながらその蜜を分泌するのが、あなたにはわかるか？

そこにやってくる蝶たちもまた、恍惚のうちに引き寄せられる。いや、恍惚であることができるからこそ、彼らはそうした行動を成就するのだ。

それは全身で歓喜の連続に至る女性のエクスタシーにも似ているし、生まれながらに自由な子供の心にも似ている。こうした恍惚の心であってこそ、人は新しい力や創造、無限の愛があふれ出る」

ところで、老子書の裏の意味をいきなり聞かされれば、お偉い方々は、こう言うかもしれない。

「人間の生き方を説くべき「道」という言葉が、よりによってセックスの意味だと？

しかも、人間の本質が恍惚《エクスタシー》だと？

不道徳な思想家がいるものだ！」

当時の人々にも、老子の真意をあからさまに語ったならば、それは道徳観に反するものに映ったに違いない。

しかし、老子が語るところにおいては、その彼らが最も貴ぼうとする「道徳」なるものこそ、ズバリ男性器（＝道）と女性器（＝徳）の合一を意味してしまうのだ。

この暗号表記は、見事な皮肉だ。

老子はこの表記で、次のように言いたいのだ。

「あんたらが主張する道徳なんて、風が吹けばふきとぶような浅はかなしろものじゃよ。

人間は、もっと地に足がついた生き方をせにゃいかん」

彼はこうつぶやいているだろう。

「人間にとって最も地に足がついた確実な土台とは何かわかるかね。
それは、あんたらが見なかったことにしているものじゃよ。
あんたらが最も語るのを恐れているものじゃよ。
そこからすべては始まるというのに、
なにゆえあんたらはそれから目をそむけたがるかね。
あんたらがこわがっているその中にこそ、すべてを和する真実が潜んでいるのじゃ。
それを知らずして真実の生き方なんてものは成り立たん。
人間の生き方のすべての真実は、この中にあるのじゃ」

現代の世の中は、立身出世を求め、地位や権力を求める人々でひしめき合っている。それは都会の交通渋滞と同じかもしれない。この交通渋滞の中で、事故に遭う人もいれば運よく人より先に進める人もいるかもしれない。しかし彼らは共通して「恍惚」とは最も遠いイライラの心の世界に生きている。そしてその心ゆえ、自他にかかわらず何かしらを人は傷付け生きている。これは老子の時代から変わらない人々の姿なのだ。そしてそうした権力志向の人々が好んで使う、彼らにとっての人としての最善を示す言葉の代表が「道徳」であり、「徳性」「徳」「道」であった。

「老子書」は別名「老子道徳経」とも言われる。

これは、老子書は「道」と「徳」について述べた書と言ってもよいほどこの二つの語について言及されているからだ。また、「老子書」は、前編と後編に分かれて、前編が「道経」、後編が「徳経」と呼ばれることもある。これは前編が「道」に始まり後編が「徳」に始まるからだ。そして前後編を合わせて道徳経と言われるのである。

世間の人々がたいそう大事に思っているこの道徳なる言葉であえて性交を示すよう、老子は見事な計算で暗号をしのばせている。「老子道徳経」という、さもありがたそうなこの書物の名前も、実は「老子セックス教」を意味しているという、見事なユーモアがそこにはある。

あまりにも表面的な、人為的な行為で人間を調和させようとする世の権威者たち。当時の中国社会は、この「道徳」に象徴される倫理思想によってその機能が維持され、権力者たちの権力が維持されていた。孔子の儒家思想もそのために世に広められたものだ。そうした権力者たちが好む言葉を老子は見事な暗号で皮肉っているのだ。

第一、老子にとって、否定的対象であるはずのこの言葉を、こんなに使うこと自体がおかしいことに気づかなくてはならないとM老人は言う。

彼にとって否定対象であるこの言葉を、あえて選んで彼は真理を語っているのだ。「道」とは、セックスと男性器の暗号であるのに対し、「徳」とは、女性器の暗号、この二つが分かっただけでも、曖昧模糊とした老子書は、その裏で何を語ろうとしているかの多くが氷解する。

「徳」とは、「高徳の僧」という言葉があるように、一般的な意味においては「道を体得した者の性質」のことだ。しかし老子は、この言葉の裏に見事な性の秘義を暗号で潜ませている。

彼の言わんとする暗号上の「徳」の意味は、「男性器を受け入れた女性器」だ。一般人にとって「道を体得した者」と「男性器を受け入れた女性器」はまるで結びつかないだろう。

しかし彼の中では、この両者は一つに結びつく。それは、老子にとって、道とは、宇宙との一体化を意味し、異性と一時的に一体化するセックスは、宇宙との一体化を擬似体感させる象徴性を孕《はら》んでいるからだ。

この現象は、同時に様々な真理を暗示していることに彼は気づいていた。

女性器はそれだけでは命を生じない。それに命の息吹を宿させるものは男性器だ。

この原理は天地の原理の雛形だと彼は直観する。宇宙は秩序ある実体だ。途方もないほどに見事な秩序だ。それに比べたら人間の頭脳は生命の一かけらも創造できないほど貧弱だ。宇宙万物は、この途方もない英知に忠実に従っているがゆえに完全調和を自ずから実現する。老子は、男性器（精子）の働きにこの無限なる英知の象徴をみている。男性器に導かれる女性器のごとく、宇宙は途方もない英知にすべてをあけわたす。これが、この宇宙の根本原理だと彼は直観する。

「道を体得した者」とは、彼に言わせれば、この宇宙のごとく、自身の小さな意志ではなく、無限なる英知をそのままに受容する者のことだ。

性は宇宙そのものの意識の分身だ。ゆえに、すべては究極の性より生まれ出る。一つ一つの細胞も、分子も、原子も、性によって生まれたと老子なら言うだろう。

電子が原子核のまわりを回るのも、原子と原子の出会いも、それは一種の愛であり、性交だ。原子はただ単に動いているのではない。彼らはそれを楽しんでいる。悦としてそれを行っている。そうした悦とした微細な活動の背後に、それらすべてを抜き超え、統括する、見えざる働き、大道が潜む。それのみが永遠の意識であり、常道《チエンタオ》だ。

こうした宇宙の働きを、彼は「徳」というたった一文字で見事に表現しているのだ。

「意識の本質は恍惚だ」とM老人は言う。老子が言っているのは、そうしたこの宇宙の意識に、女性器のように自身をゆだねろということなのだ。

老子は「玄徳」という語もよく用いる。

「玄」とは「奥深い」という意味だ。

この、「奥深い女性器」という語によって、彼は深遠なる宇宙の英知に揺り動かされる存在を示し、それだけで人は至高の悦びに到達するものであることを指摘する。

天門開闔、能爲雌乎
明白四達、能無知乎
生之畜之、生而不有
爲而不恃、長而不宰
是謂玄徳

天門、開闔して、能《よ》く雌《し》と為らんか。
明白にして四達し、能《よ》く無知ならんか。

之を生じ之を畜《やしな》い、生じて有せず。
為して恃《たの》まず、長じて宰せず。
是れを玄徳と謂う。
（十章）

性器を開いたり閉じたりして
エクスタシーに達している女性を観てごらん。
彼女は体全身で至福に満たされ、
四方八方の世界と一つになり、
すべてを感得しながらも、
何のとらわれもない存在となっている。
命はこんな中から生まれるのだ。
天地と一つである彼女は、
そんな我が子を心を込めて育みはしても、自分のものとはしない。
何をしても自分の手柄にはせず、人から慕われてもいばりはしない。
こうした女性のような姿こそが神秘なる女性、すなわち、「玄徳」なのだ。

宇宙の英知に揺り動かされる存在が、権力者たちのように自らの益を求めたりはしないのは、恍惚にある女性のように至福に満たされているからであると、彼は言うのである。

老子が女性器の暗号として用いる文字はこの「徳」だけではない。

老子が「門」というとき、これも女性器の暗号だ。

彼が「門」を用いるとき、同時に彼は、大道への入口を示そうとしている。

彼はまた女性器の暗号として「谷」も用いる。

彼が「谷」を用いるとき、同時に彼は水が下へ下へと流れ、谷に流れ込むような、大いなる受容性から生まれる創造性を示そうとしている。道（男性器）を受容する女性器のように、天地万物は道に対して限りない受容性をもち、その受容性の中から、真の創造が生まれるからだ。

いずれも、それらの裏には、女性器への着眼と、女性性への信奉がある。そしてこれらを媒介に、彼は男性社会で失われゆく母性原理の意義を語ろうとしている。

彼は言う。

谷神不死
是謂玄牝
玄牝之門
是謂天地根
綿綿若存
用之不勤
　牝＝雌
（六章）

大いなる谷間に宿る神は永遠の命を持つという。
これは、玄牝、すなわち、神秘な女性ともいわれる。
玄牝の門こそ天地の根源の働きだ。
それは永遠にすべてを産みだす。
いくら用いてもなくなることはない。

知其雄

守其雌
為天下谷
為天下谷
常徳不離
復帰嬰児

常徳＝常道と対となる語

永遠なる至福の世界

（二十八章）

男性性（男性原理）の何たるかをまずはよく知ることだ。
それが真にわかれば女性性（母性原理）がいかに天に近いかがわかるじゃろう。
その体現者となれば、谷のように万人が引き付けられ、すべてが流れ込む。
そうなれば、至福の中で幼な子のように自然万物のリズムと一つとなる。
これが普遍なる「徳」というものだ。

老子は女性性の信奉者だ。しかし、彼は、男はダメで女はイイと言っているわけではない。天地の陰陽原理を、わかりやすく、人間の世界に置きかえて語っているのである。そしてそうした自然の原理に反し、現代人は偏った男性性のみで成り立つ社会に生きていることに気づかせようとしているのだ。
万物は陰陽の相互作用で成り立つと、老子は言う。

道生一
一生二
二生三
三生萬物
萬物負陰而抱陽
（四十二章）

道は一を生じ、
一は陰陽を生じ、
陰陽は交合して万物を生じた。
ゆえに万物は陰を外側にし、陽を内側に抱く。

ノーベル賞物理学者湯川秀樹博士も発想の土台としたこの老子の陰陽論は、まさしく原子構造さながらの描写であるが、この事実は、老子自らも語る（二十一章）ように、その発想を与えた男女の交合現象がいかに万象の普遍法則を正確に象徴するかをも示している。

反者道之動
弱者道之用
天下萬物生於有
有生於無
（四十章）

（万物は）
かたくそり返った男性器のような
能動的な働き（陽）と、
それを受け用《い》れる柔弱な女性器のような
受容的な働き（陰）との、

相反する相互作用によって生成する

人間や生命に限らず、
この世界の万物はすべて、こうした
相互作用（物体を生み出す物体の働き）によって生じたのだよ。

そして、こうした相互作用を生じさせた本質こそ、
相対性を超えた形なき働き《グレートタオ》なのだ。

老子に言わせれば、この陰陽作用なるものは、宇宙大のエクスタシーの結果である。

だから、私たち人間も、男女という陰陽で成り立つ。

人は誰でも、愛せる異性に自分の心をすべて通じ合わせたいと願う。それができたらどんなに幸せだろうか……多くの苦難を体験しながらも、人はそれを求め続ける。この衝動はどこから来るのだろうか。異性に限らず、人は愛を求めている。なぜ人は愛を求め続けるのだろうか。

私たちは本当は何を求めているのだろうか。

老子は、私たちが最も強く求めていながらも、あまりにも深く巨大であるがために理解できないでいる最大の対象を見すえている。あまりにも巨大であるがためにその構造をとらえることができない心の宇宙を、彼は性という最も最適なレンズでとらえさせようとしているのだ。

多くの人々が「愛」について語る。あるいは思想家や聖者も「愛」についてよく語る。しかし、語りながらも私たちはその本質を明確にできないでいるのではなかろうか。ましてや「性」については現代社会ではまだ表舞台で語られることさえ許されてはいない。だが、老子はこの「性」というレンズによって、愛と呼ばれる宇宙の本質を、明確に指摘しようとしている。

誰もが希求する愛というものの究極、それは大道、すなわち万物を生み出す至福の波動領域だ。その正体がわからずに人々は刹那の愛を求め続ける。かつて一聖者が「神は愛だ」と語ったその深遠なる領域は、誰もが無意識に求めているものなのだろう。通常は意識がその領域と合一しない限り実現できないこの究極の至福を、ほんのわずか垣間見せてくれるもの、それが人間にとっての性体験でもある。老子は、それを人間の目指すべき世界への導き手として「道」と名づけた。しかしそれは、老子がそう指摘するはるか以前から与えられている導きだ。老子はそれに気づいただけだ。

セックスのエクスタシーは、人類誰もが体験する至福感である。いわばそれは、人類にとって唯一の至福感の共通語である。

彼は、性のエクスタシーとは、宇宙そのものの脈動（宇宙本源の性）が生命に表れる疑似体験であり、人類が一時的に宇宙そのものの営みと化す瞬間であると悟っていた。ただ、性のエクスタシーは、一瞬の興奮に終わる。それに対し、自ら宇宙の営みそのものへと帰一した万物一体感は、尽きることのない至福感だ。それは性器による局部的なエクスタシーを超えた、体の全細胞が恍惚とした悦びに震え続ける全存在的エクスタシーだ。

彼はその不変なる至福の世界を知った。そしてそれが性体験におけるそれと一面で共通するものであることをあえて語ろうとした、おそらく人類史上初めての人物だろう。

彼はそれを見事な暗号によって封印し、世の権威者たちからの抹殺から逃れることに成功した。

どこからどう読んでも性の描写など存在しない老子書は、実は、その裏で性の真理を二重写しで語っているのだ。

性の至福感は、人間を真の心の宇宙へと誘う。人間はもっと幸福な感覚の中で生きることができるはずだと、迷える人々の潜在意識に光を灯す。それは見えない潜在世界における導き手だ。この、性と人間の真実の生き方という表裏の関係にある二者を一つに結ぶ見事な記述法、その表記方法それ自体が人間の何たるかを示す見事な計算の上に書かれた書、それが老子書なのだ。

Laozi&TaoCode 7

性と人間社会

——性が宇宙の本質からはずれ
欲望へと変容する瞬間《とき》

「なぜ老子が性にこんなにも着目するのか、わかるか。
これに及ばずして、人間の変化も、
社会の変化もないからだ。
性は人間の本質であるだけではない。
それは社会の本質であり、宇宙の本質だ」

時を経れば経るほど、私は私の中の何かが洗い落とされてゆくような気がしていた。それは、現代という社会に吹く風によっていつの間にか蓄積された汚れのようなものだったのかもしれない。

彼は、現代の文明社会について、かなりの知識をもっているようだった。

彼は語る。

「私は短い間であったが現代の文明社会を体験している。そこには、私たちの村にはない不幸があることも知っている。そしてそれがどこから来るものであるかも、私にはわかる。

性は命の原点であるだけでなく、宇宙自体の脈動だ。この脈動通りにそれが働くとき、性は決して欲望とはならない。宇宙のリズムからはずれることによってのみ、それは欲望に変わる。

宇宙の脈動から性をひきはがすもの、それは、自然のリズムに反する社会のあり方だ。現代人のもつ性表現や性欲は、現在の不調和な社会機能に直結している。社会機能と観念は車の両輪のようなものだ。観念が社会機能を形づくり、社会機能がまた、人々の観念を形づくる。そして同じく、観念と性も車の両輪だ。性に関する潜在意識は、そのままその人の観念の全体を形づくる。そしてまた観念が性のあり方を決定する。こうして、社会システムと性も、車の両輪の関係にある。片方の変化は必ずもう一方をも変容させる」

さらに彼は言う。

「封建社会が崩壊し、新たな社会へと向かおうとした時代、民衆の革命的活動よりも前に生じた現象がある。それは性観念、性慣習の変化だ。それは機能的社会変化よりも先に起きた。封建的性のスタイルがわずかではあるがまず崩壊を始め、進歩的といわれる人々の一部が、新たな男女関係の結び方を求め始めた。これがすべての変化の最初だ。そしてそれにひきずられるようにして、人々は封建社会のシステムそのものに不満をもちはじめるようになった。つまり、観念が変化し、機能が実際的変容へと至ったわけだ。

なぜ老子が性にこんなにも着目するのか、わかるか。これに及ばずして、人間の変化も、社会の変化もないからだ。性は人間の本質であるだけではない。それは社会の本質であり、宇宙の本質だ」

ユダヤ教の聖典「タルムード」には「性行為のあり方で、その人がどういう人かがすべてわかる」と書かれている。私にはなぜ宗教の教典にそんなことが書かれているのかそれまでは見当もつかなかった。しかし、M老人に接するようになってそうした言葉の深意がわかるようになった。

M老人流に言い直すとしたら、この言葉は、次のようにも言い換えられるだろう。

「その社会の人々の性のあり方で、その社会がどんな社会なのかがすべてわかる」

私にとって、M老人は、知れば知るほど神秘の人物に思われた。

私は日本で、人間とは何かを、もっと根本について知りたくて、しかし、学校では教えてくれないそれを、様々な思想や宗教や、心理学に求めて自ら勉強したことはあった。しかし、そうした日本の専門家や書物では満たされない何かが私の中でくすぶり続けていた、その何かを私は彼の中に感じ始めていた。

さて、そんなある日、M老人は、この村について、ついに秘密を語ってくれた。

「わしの家には老子についてのこんな言い伝えが伝わっている」

それは意外な話だった。

何千年も昔のこと、少数民族と親しくなった中国南方のある村の長《おさ》が、その少数民族の長老の娘をもらうことになる。そうしてできた子が、後に老子と呼ばれる人となるのだが、彼は当時の大規模化した文明である中国の文化と、少数民族の文化の両方にふれて育つことになる。

彼はそうした過程の中で、しだいに少数民族の文化のほうに魂の原郷を感じるようになっていった。一度は当時の中心地、洛陽に住み、中国社会の非を知った彼は、少数民族の文化の持つ価値を再認識する。

もともと思索家であった彼は、母親の少数民族の中で暮らすうちに尊敬され、やがて長老となる。彼はその後、彼の子孫の未来のために、先住民族本来の文化を守り続けるよう、伝えるべき真髄を書物に著した。それが今の老子書の原形となったらしい。

そういえば、雲南省は、今も少数民族が多い地域だ。昔はほとんど彼らの世界だったのだろう。

老子書が、まるで少数民族の文化をそのお手本にしたかのようであることもうなずける。

老子はきっと自身の子孫だけでなく、人類の魂のふるさとでもある文化を人類規模で甦らせることを願ったのだろう。

老子は時折、中国社会の少数の心ある人たちに求められ、講話をしたといわれる。これが中国にあっては異光を放った人物、老子の姿だったのだろう。

現在世界的に知られている老子書は、後の老子の真意を充分には理解できていない漢民族の道家思想家たちによって付加された詩文が多数含まれており、文体のセンスが原老子書のそれとは異なっているとM老人は言う。M老人の村に伝わる老子書は、現在の老子書の三分の一ほどの分量しかないが、これが元々のものなのだろう。

私はこの体験から二十年後にタイの首長族の村を訪れたことがある。

首長族は、この村のある雲南省の国境から東京と名古屋ほどもない距離に住む部族で、この村と共通する点も多く、やはり美人の多い部族だった。

しかし、ジャングルの奥にひっそりと暮らす彼らの小さな村で驚かされたのは、そこに小さな小屋のような「学校」があったことだ。タイ政府が作った学校でタイ語が教えられ、子供たちはしだいにタイ語を話すようになってきていた。こうしていずれは首長族も、自身の言葉を失い、タイ国民と化すのだろう。これは、世界中で起きてきた現象のほんの一端にすぎない。先住民の文化に価値を見出そうとする文明人はいるものの、彼らの文化は確実に完全消失に向かっている。彼らの文化と政府主義の人々が出会う時、勝つのはいつも政府主義の方であり、彼らは国民として吸収されてしまう。

しかし、M老人のこの村では、その逆のことが起きた。

M老人の話によると、私が先に友人に案内された山村の人々は、ずっと昔に老子を慕った中国人（漢民族）たちの子孫で、老子を慕い、また、文明化から逃れるためもあって、こんな山奥に移り住んだのだそうだ。社会現象としては奇跡といえる現象だ。

漢民族の間で老子の思想を中心にした宗教を道教と言う。しかし、この漢民族の一般的な道教は、老子以前からの民間信仰や、老子以後の信仰もとり入れた民間信仰だ。それに対し、あの山村は、純粋に老子の考え方を守り通してきた唯一の村なのだと知らされた。

老子の考え方は非政府主義に近い。当時の中国は、文明が進み、国家の支配力が強まった時代だ。国家は人々を自身の経済源とし、戦力とするために全力を尽くす。そうした中で、古来の人々の人間関係は失われ、文化は消えてゆく。残るのは国家の機能に占領された人間の姿だ。そうした事態を見抜いていた老子は、彼を慕う人々が、村の近くに住むことを許可したのだろう。

あの山村とこの村とを行き来して両者から慕われているM老人の姿は、まさにその話の老子の姿を再現しているかのようだ。

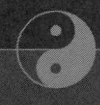

Laozi&TaoCode 8

すべてを決める性なる次元

── 神性か、欲望か、〝恒久なる幸福の次元〟に至る道《タオ》とは

「……性とは本来、卑猥どころか、その対極にあるものだ。
……人間が必要としているすべてへと
至らせる働きがそこにはある。
人間という枠を通り越し、
さらには生命という枠をも通り越した、
宇宙の究極がある。……」

M老人と関われば関わるほど、私は本当の自分に近づいてゆくような気がしていた。そして本当の自分に近づけば近づくほど、老子という書物の真意もわかるようになってきた気がする。そしてまた、老子がわかればわかるほど、この村がどんなに理想的であるかを実感するようになってきた。

私がこの村に来た時から、ずっと気になっていたことで、まだ語っていないことがある。それは、文明人なら性器信仰とみなすだろう習慣があることだ。

この村には、家の入口を女性器と見なす認識がある。家の入口に女性器の形の木を置いてある家もあり、そうした象徴に、花の精へと同じしぐさで彼らは毎朝毎晩あいさつ（祈り）を行う。また、どの家でも男性器を象《かたど》ったもの（あるいは炉がそのかわりの家もある）が、精霊の象徴として家の中心に置かれている。

もしも私たちの家にこうした象徴があったとしたら、私たちは卑猥なイメージでそれを受け取り、恥ずかしいものとして目をそらしたりするだろう。彼らが公の場にどころか、最も神聖な場にこうした性の象徴を置くのは、彼らの中に性を卑猥なものと感じる心が微塵もない証拠であろう。彼らは私たちとはまったく異なる認識で性を受けとめ、感じているに違いない。

M老人は次のように語ってくれたことがある。

「子供は誰でも自分を見守る母や父を神のように感じるものだ。神のように感じる母への思いは、実は、神の「ように」ではなく、神そのものを認識する自身の意識から来ている。母なる存在へ意識を向けている時、その意識は同時に、この宇宙の母性そのものの何たるかを直観しているのだ。

この宇宙の母性は、あなたが感じているそれよりも、もっともっと広大で深遠な働きだ。そこに限界はない。父性も同様だ。あなたがいかにこの母性や父性を認識しているかは、あなたの魂が、それらからどれほどの導きを得ているかに等しい。子供が父や母に似るように、自身の中の聖性への認識イメージはそのままその人を創る器となる。私たちが男性器や女性器の象徴を常に視界に掲げるのはそのためだ。私たちは、あなたたちが神と言う、その認識よりももっと巨大な世界をその奥に観るのだ。

母性や父性の本質は常道だ。大切なのは、あなたの中にも、そうした不変なる聖性が宿されているということだ。あなたの中には、聖なる母性も聖なる父性も内在されている。本当は、あなたはそうした聖性そのものの存在だ。そして、あなたがそうした存在となって、もう一人の同じような存在に出会う時、それが本来の宇宙が意図している男女の出会いだ。このことを覚えておきなさい」

こうした体験を経ながら、この村は老子の理想をその通りに現実にしたような村なのだと私は気づき始めた。彼が暗号で表した世界を、その通りに現実のものにしている村だと思った。しかし、そう思った次の瞬間、私はふと思い出した。

驚いたことに、日本にもこれに非常に近い村が明治に至るまでは実在していたのだ。甲府地域をはじめとする日本の各地では、性器を象ったものを神の象徴と見なし、各家庭で厚く祭られていたのである。これこそが、寺や神社の歴史よりもはるかに古い縄文以前からの信仰の原点だったのだ。

ところが、日本に生まれた西洋式国家の最初である明治政府によって、これらの信仰は野蛮な風俗と見なされて禁止され、数千年どころか数万年にも及ぶだろう貴重な継承は、この瞬間に絶たれ、跡形もなく消え去ることとなった。私はこうした日本の各地に残された古来の文化を知ってはいたが、恥ずかしい話だが、原始的な迷信ぐらいにしか思っていなかった。しかし、この村に来て、生きたその文化にふれ、その認識の深さに圧倒され、私の先入観を情けなく思った。と同時に、日本の文化も捨てたものではなかったのだと、かえって自国の文化の深さに驚かされた。

私は現在にそれらがかろうじて残されている貴重な遺産を日本でさがし求めていったが、

昔の日本の人々がいかに性というものに真摯《しんし》に向かい合っていたかに改めて気づかされた。こうした心で神に向かう姿こそ、この日本列島で最初に生活を営んだ人々の姿であったことを、そして明治という近世の時代にまで私たちはそれを継承してきたのだということを、深く受け止めていただけたらと思う。

この村に来た最初の頃に、M老人がこう私に質問したことがあった。

「ある社会が、人間本来の幸せを享受できる社会かどうかを判断できる基準があるが、それは何だと思うか?」

私は予想がつかずにとまどったが、彼は続けた。

「それは、性というものに対して、それを受容する社会か、それともそれと戦おうとする社会かだ。

文明社会のあなたがたは、性とは卑猥なものと思っている。できることならば、公には語りたくないもの。口にしてしまえば品位が疑われる。そうしたものと思っている。そして、それを抑圧の対象とし、人間には厄介な性欲があるものだと信じている。

その性欲を抑え、それについて語らないことが人間らしさだと思っている。

あなた方は忘れているが、性とは本来、卑猥どころか、その対極にあるものだ。それを卑猥なるものにしてしまったもの、それはあなた方の社会に現れた支配者であり、その権威だ。そしてそうした権威者が作った善悪の観念だ。ありのままの目でそれを見れば、そこには、あなたがたが必要としているすべてがある。それは命の元であり、自然の恩恵の中心であるのだから当然のことだ。人間が必要としているすべてへと至らせる働きがそこにはある。人間という枠を通り越し、さらには生命という枠をも通り越した、宇宙の究極がある。人間はこの、真の性を通してしか、恒久なる幸福には至ることができないものだ」


自然と調和し、社会のすべての人が人間本来の幸せを享受できるかどうかの決定権を握る「性」、明治政府が性信仰を徹底的に破壊し尽くしたのは、彼ら支配者側からすれば、賢い策略であったのかもしれない。

なぜ現代社会は性を認めようとしないのか。

現代の商業社会においても性が果たす役割は甚大極まりない。書店に並ぶごく一般的な雑誌類もその大半は、直接、間接を含め、性的意識を引き金にしている。美容やファッションさえも性的意識に繋がるものだ。性の意識が歪《ゆが》めば歪むほど、抑圧されればされるほど、その求引力は強くなる。

性におおらかな社会では、人はそれを無闇に求めなくなる。そうなったら、産業という産業は停滞してしまうだろう。実際、平均所得を上回る独身男性の給与の内、生活に欠かせない消費を除いた額の半分以上は性や性にからむ対象に消費されているという統計もある。女性の恋愛願望や美容願望を性意識の範疇に含めるとすれば、その割合は男性のそれをはるかに上回るだろう。

商業社会や権威社会の支配者たちは、どんな時代にも性の抑圧を重んじるものだ。「このヌード写真の性器の部分だけはぬりつぶすように、そうすれば販売してもいいから……」なぜどうせならすべてのヌードを禁止しないのか。なぜ認めるなら、すべてを認めないのか。命あるものにとって最も荘厳なる部分を卑しむのか。なぜ生まれたままの姿であることが犯罪なのか。

そうやって、人間の欲望は結果として増大してゆく。心理学者のフロイトは、すべての人間の衝動の根底には性欲があると言った。これは一面の真理を含んでいるだろう。老子も、一章の最初に「欲」の問題に着目させることで、人間のすべての欲望心理が根底で閉ざされた性意識に結びついていることを暗に指摘している。

欲望をふくらませた人々は、様々な金品を追い求め、幸福を追求する。神から与えられたありのままの幸福は見えなくなり、歪んだ代替としての金品を、欲望のままに求め続ける。その活動こそが経済を活性化させる。欲が人を動かし、欲が社会を動かす。欲こそが社会の中心原理となる。封建社会の成立原理が仁義（倫理観念）にあったように、現代社会の成立原理は欲の観念にある。しかしそれゆえに、その裏では、自然なる世界を次々に蝕《むしば》み、人と人とが富を求め権力を求め、互いに争う結果へと至る。求めても求めても満足することを知らない欲望は、留まることを知らず、歪みはさらに巨大な歪みを生み出す。現代社会の悲劇である。

性をみつめることで、人間の神性を引き出すこの村の人々と、性の意識を引き金に欲望を膨らます私たちの社会。同じ性という本質を境に、欲望に向かうのか、崇高さへと向かうのかという、まったく対照的な図式がそこにはある。

この村の人たちには裸をはずかしがるという観念がない。それは子供の頃から、こうした、性を神聖視する大人たちの姿を見て育つからだろう。最初の頃、私は川で全裸で沐浴《もくよく》をする年頃の女性と出会ってしまい、まずいことになったと思ったことがあった。この時、女性たちはまったく驚きもせず平常であったことにかえって私のほうが驚いた。川での沐浴では男女が一緒であることもしばしばだ。また、暑いときには全裸で過ごすこともある。

それどころか、性行為を恥ずかしいものとみなす観念さえも彼らにはなかった。インドなどの先住民部族が性行為を人前でも行うことは本では読んだことがあったが、実際に出会ったのはもちろん初めてだった。何度かその場面に出会ったが、私たち文明人のセックスとはまったく異なることに驚かされた。詳しくは後でふれるが、彼らは私たちのような射精至上主義のセックス観とはまるで異なる性観念をもっているのであり、それは性に対する神聖な概念からきていることは、彼らのその行為を見るだけで明らかであった。

こうした姿を当たり前に見ながらこの村の子供たちは育つのである。

性器や性そのものを畏敬すべき対象とする大人たちを見て育つこの村の人たちの育ち方は、最も自然で最も理想的な性教育といえるだろうと、最初は私もそう思った。

しかし、そう思いながらも、彼らのことを理解すれば理解するほど、その思いは適切ではないと、自身の思いを否定せざるをえなくなってきた。それを性教育などというのは、文明社会の価値観に侵された不遜すぎる認識だったと、気が付いた。なぜなら、教えるという概念自体、彼らから見たら、聖性ではなく自身を上位に置く、あってはならない概念だからである。彼らの心は、「教える」などというおこがましい視点が入る余地は寸分もなく、手本になろうとする意識すらなく、ただただ神である聖性に向かい合う。しかし、その真に謙虚な性への姿勢こそが、日本の私たちには考えられないほどに自由で、神を観るほどにやさしい子供たちを育てている。彼らの姿は、子供や青少年の異常で変質的な事件さえ珍しくない日本という国がいかに病んでいるかを、いやというほど私に自覚させた。

こういう中にあって、私の性の意識もしだいに変化していった。性的欲求の対象として女性を見ることが私たちの国では当たり前のことになっているが、そうした認識がこの村の人たちの意識に同化することでいつの間にか私の中から消えていった。川で沐浴をする長い髪の女性たちの姿が大自然の景観にとけあってあまりに美しく、見とれてしまう時を過ごしながらも、私は日本にいた時とは違う感覚で彼女たちをとらえている自分に気がついた。

Laozi&TaoCode 9

性エネルギーと聖なるSEX

——ヤーマの身体的実践と「タオの幹」理論により完全なる常道へ

……人体を貫く中心軸を、彼は「タオの幹」と呼んでいた。
人間だけでなくあらゆる存在の中心にあり、
性中枢とも言えるものなのだと言う。
……性中枢に流れる精気の量と
光背（人体のオーラ）の輝きは比例し、
それは同時に無言のメッセージを放つのだと彼は言う。

この村に来てから、自然の中を散策するのも私の楽しみの一つになっていた。村から一キロほど離れたところに、太く見事な竹が群生する地域がある。山々をとり囲むように、二キロほどに渡って無数の竹が天へとそびえ立つ。

南国を思わせる自然もいいが、この、東洋的な神秘を感じさせる竹林は、それ以上に私には魅力的だった。

この竹林地帯にある小高い山を少し下ったところに、直径20メートルほどが広々と開けた場所を見つけた。ここは、竹林に囲まれて涼しく、自然が作ってくれた家のような安心感が感じられ、私のお気に入りの場所となった。

この、私が気に入った「竹林の家」に行こうとして細道を歩いている時のこと、私は、何か独特な気配を感じた。この村の中で生活するうちに、私は気配というものに敏感になっていた。この時も、近づくにつれ、それを感じていた。

「竹林の家」に近づくと、やはりそこには人がいた。そこにいたのは二十代後半くらいの一人の男の人だった。全裸に近い姿で片手を上に挙げ、もう一方の手を背中に回し、体を螺旋状にひねって後ろを見たままの姿勢で静止している。そのひねり伸ばされた背筋は、何か強い気の流れのようなものを感じさせた。この竹林に囲まれた空間が、いつもとは、まるで違って感じられた。

これはいったい何なのだろう。

私は、彼のやっていることの意味を知りたい衝動にかられた。彼は一度村で出会ったことのある人だった。ふだんは当たり前の生活をする一村人にすぎなかった。しかし、今、目の前にしている彼は、この神秘な背景と相まって、何か人間を超えた存在であるかのように私の目には映ったのである。

村の人たちは時折、先にふれた精霊との交信以外にも、日本では見たことのないこうした体操のような、祈りのようなことをしていた。他に表現がないから体操と言うしかないが、私たちのイメージする体操とはまるで違って、たとえば上方に手を挙げ、手の平を天に向けたまま何分も静止していたりとか、まるで瞑想にふけっているかのような場面を、とくに早朝の日の出の頃によく見かけた。私の第一印象では私たちとはまったく次元の違う祈りとも思えた。

後に、村の人たちからこれを「ヤーマ」と言うのだと聞いた。

はるかな昔から伝わるものなのだとM老人からも教えられた。

静かな動きや静止するものが多いが、だらりと前かがみになった姿勢から息をシューッと吐きながら片手を一瞬で天に向かって伸ばすような、激しい動きのものもある。彼が言うのには、ヤーマは本質的に精霊としての自分自身を活性化させる行為を意味するのだぞうだ。

彼の説明によれば、精霊としての自分自身とは、性エネルギーを意味することになるという。ヤーマを日常的に行うこの村の女性たちが誰をとっても魅力的なのは、性的エネルギーが性的魅力をもたらし、それを何歳になっても維持するからなのかもしれない。

私たち文明人は、先住民の文化を遅れた文化として見下す傾向があるが、こうした私が知らない文化に出会う度に、私はそうした思いが傲慢な偏見にすぎないと感じる。このヤーマとの出会いもその典型であった。

M老人は、歴史的にこの村の先祖がインドの先住民とつながりがあるのかもしれないと言っていた。そういえばヤーマは、ヨガにも似ている。ヨガは現在のインド人（アーリア人）がつくったものではなく、元々はインドの先住民であるドラビダ人が行っていたものであることは後で知った。論理的思考に長けたアーリア人たちは、後にそれを自らの文化の中で体系付けたのである。ドラビダ人たちは何百もの部族に分かれて生活しており、それぞれの小部族の中でそれぞれに、このような身体文化を維持してきたのだろう。彼らは、人類最初の文明とされているシュメール文明に起源があり、あのインダス文明を築き、その消滅後、子孫は東へと移動したのだとM老人は言った。おそらく、ヤーマは、アーリア人の影響を受ける以前のヨガに近いものであり、その起源はシュメールに遡るのかもしれない。

（これも後でわかったのだが、ヨガほど体系づけられてはいないにしても、これに類似した身体文化は、西アジアから東アジアにわたる地域の先住民族の間に広くみられるのだ。それらの民族の多くに共通なのは、彼らの言語が名詞の下に助詞を伴う、日本語と同じ性質の言語であることだ）

彼らや彼女たちが静寂の中でヤーマをやっている時の姿は、人間というものが、この世界の最高の芸術作品だと思わせてくれる。これは、彼ら流の言葉で言えば、精霊としての人間が、その本来を表すゆえの美しさなのだろう。

竹林には他にもヤーマをやるのに好都合な場所が点在していた。一人で行うのと何人か集まって行うのとでは意味が違うのだそうで、一人で自然の中で行う場合は、大自然の精気を受容するのに効果的なのだそうだ。

目の前にいる彼の姿は、かぐや姫の舞台になりそうな美しく垂直に伸びる竹林を背景に、神秘的なまでのものを感じさせた。静止しているのに、彼の体はいきいきとしたエネルギーの流れを感じさせ、その背筋に沿った見えない垂直のエネルギーの流れと竹林のそれとが見事に融合しているかのように見える。

M老人が言うのには、こうした自然界の異種の存在との意識の交感が、人間の根本的な意識領域を拡大させるのだそうだ。男女が真に愛し合う時、人は異性との間に至福の意識の交感を体験するが、同様な意識の交感はあらゆる存在との間に可能で、その対象が異質であればあるほど、その至福領域はより普遍的に、至福の質もより深遠で本質的な質になるのだとM老人は言う。

私たちも肉体的能力や知的能力を進歩させようとするが、それに対して彼らの文化はそれらの根本にある意識そのものの進歩に目を向ける文化なのだろうと私は思った。彼らの独特の威厳ある雰囲気や、彼女たちの輝くような美しさや表情は、そうした日々の生き方の結果なのだろう。

竹林の中では、女性が衣服をまとわず、ヤーマをする姿もしばしばみかけた。彼女たちの姿を見ていると、森の草木や竹たちとの無言の交流に恍惚としているかのようであった。こうした時、上空によく鳥がやって来て、ゆったりと旋回することが多かった。これは偶然だろうかと思っていたら、M老人は、祝福のサインなのだと教えてくれた。性エネルギーが活性化し、上空まで見えないエネルギーのスピンが形成されると、鳥たちがこうしたサインを見せるのだと彼は言うのである。信じ難いことだが、私が見た限り、これは真実のようであった。

女性たちの体のしなやかさは目を見張るものがあり、誰もが柔らかい。子供たちも、この広場に集まってはまるで曲芸師のように、前転や後転をして楽しんだりしていた。村の少女たちからヤーマについて教わったことの中で一つだけ強く印象に残っていることがある。それは、体のどこかを伸ばす時、その伸ばした個所が精霊が発現する場になるのだという、彼女たちの認識である。

ヤーマのあらゆる型は体のどこかに精霊の発現する場をつくるためのものなのだと彼女たちは言う。たとえば私たちがやる前屈と似たものがあるが、しかし、この時、彼女たちは私たちに認識できない体の操作を行っているのだ。関節を曲げるためではなく、足全体の裏側と腰の後ろを伸ばすことでそこに自然界の精たちの精気を発現させているのである。彼女たちの言う精霊とは、自然界のエネルギーであり、英知であり、見えざる神の働きでもあるのではなかろうか。

先の竹林で見た男性のような背筋に沿ったエネルギーの流れは、こうして生じ、それは体の外にまで広がっているのだそうで、この見えない気の流れを彼女たちは精霊の体と言っていた。

彼女たちの認識の中では精霊と性のエネルギーはほぼ同一である。彼女たちは性エネルギーを性器という局所に働くものとは認識していない。彼女たちにとっては体全体が性であり、この宇宙全体が本質的に性なのだ。

Ｍ老人の話によると、体を伸ばすということはわたしたちが考えるよりもはるかに神聖な意味があるということだ。片方に引っ張っただけでは伸ばしたことにならず、必ずもう片方にも引っ張る力が働くから伸ばすという現象が成り立つ。この陰陽と見なすことができる対極の作用が好ましく働く時に精霊はこの現実界に働きだすのだと彼は言う。もちろんこれは、緊張と弛緩など、それ以外の陰陽にもあてはまる。そしてこれは自然界すべてを貫く法則なのだと説明してくれた。

もう一つＭ老人の説明で驚いたのは、その伸ばされた個所に精霊が宿るということは同時に英知が宿されることなのだという説明だった。これは現代人には到底理解し難いことだろう。しかし、賢者のような空気を漂わすＭ老人を見ていると、やはりそれが真実だという気がせずにはいられない。彼は体の全細胞が英知ではないかと思われるような、そんな人間としての崇高さを感じさせる。私たちの社会の学識のある、いわゆる頭のいい人たちとは全く違う。私たちの社会の識者たちは、頭にたくさんの知識を詰め込んでいるにすぎない。Ｍ老人を見ていると、私たちが貧弱でアンバランスな存在にしか見えなくなる。彼の姿は、体全体で思考し、体全体で真理を感得しているような、そんな、私たちとは異なる次元の知性を感じさせるのだ。彼のまわりにはいつでも深い静寂がただよっている。都会人の間での沈黙は二人の間のテンションの下降を意味するが、彼の場合はまったく逆だ。静寂の時こそ、彼は多くを語っているかのようだ。彼が深い静寂にある時、言葉で表せない深い何かの交感が始まる。正確な表現ではないが、静寂の中にある彼の体からは、電波的なメッセージのようなものが著しいテンポで発せられているように私には感じられた。

M老人から教えられたところによれば、人間にとって一番肝心な体の部位は、頭頂部からその真下へと貫かれた体の中心軸（脊髄《せきずい》の中枢神経にあたると思われる）なのだそうだ。この人体を貫く中心軸を、彼は「タオの幹」と呼んでいた。この「タオの幹」は、人間だけでなくあらゆる存在の中心にあり、性中枢とも言えるものなのだと言う。村の人々はこうした性中枢を「ラ」と言っていた。この「タオの幹」の上端に脳があり、下端に性器があり、その全体で人間の基礎は成り立っているのだと彼は言う。性中枢は人間の霊的な中枢でもあり、女性の場合、この中枢の下端から中枢に沿って男性器が挿入される仕組になっているのは偶然ではないと言って詳しい説明を受けた。その説明の中にはセックスに関する具体的な示唆も含まれていたが、本書ではその説明は控えようと思う。

また、性中枢に流れる精気の量と光背（人体のオーラ）の輝きは比例し、それは同時に無言のメッセージを放つのだと彼は言う。これを達成するためのヤーマは何種類もあり、私はこれを少し実践しただけで頭の働きがクリアーになり、物事が新鮮に感じられるようになった。日本に帰ってからの私は、このヤーマの実践的研究に最大の力を注いできた。先の性中枢の理論と共に、いずれ詳しく伝えたいと思っている。

M老人はかなり難解な中国語で性中枢と宇宙との関係を説明してくれたこともあった。私なりの解釈ではあるが、タオの幹の両端にある性器と脳は、電極のようなもので、それに対し、宇宙の存在は、本来的に対極のエネルギーをもっていて、性エネルギーは大宇宙の中を流動するものであるらしい。

この村の人々は、人体のすべての精霊ポイントは中心のたった一つの性中枢と結ばれており、逆に一つの精霊ポイントの活性化は、性中枢そのものの活性化にも結びつくという認識をもっている。そうした観点で彼らは、人体の機能を高めようとするのである。そしてこうした人体の掌握は彼らのあらゆる文化に反映され、後で述べるように、究極的には彼らの社会は、あらゆる点でこの聖なる中心軸による人体の構造そのものをモデルとしたかのような社会なのである。

日本人から見たら妙な光景に思われるだろうが、性行為とともにヤーマを行う光景や男女が組になってヤーマを行う場面を何度か見たことがある。一番最初にそれを見たのは、この村に来て一週間ほど経過した頃に森の中に入った時であった。そこで見た二十歳前後の男女のヤーマとの出会いは、私のそれまでのセックス観をまったく崩壊させてしまうほどの衝撃を私に与えた。

遠方の景色に気をとられながら歩いていた私の視界に突然飛び込んできたのは、仰向けになった男性の上に全裸で座した女性の姿だった。多少ドキッとはしたが、彼らの文化を理解し始めていた私はそれほどは驚かなかった。彼女は両手を頭上にあげ、手のひらを天に向けて上方を見上げながらほとんど静止していた。この祈りのような姿勢の中で、彼女が深い恍惚状態に入っているのは、その表情から明らかだった。ただ静止しているというよりは、先の竹林の男性のように、静寂な空気を放っているというふうであった。微妙に後方に反《そ》った背中に凄まじい電流のようなものが流れ、両手を伝わって天の彼方に放出されているかのように私には見えた。その恍惚の祈りの姿は少しずつ変化し、両手を下に降ろして斜め上方を見上げた姿勢となって、またかなりの静止状態が続いた。他にも様々に変化したが、いずれの形も、また、形から形へと変化する体の動きも、優雅な舞踊のように美しく、常に女性の側が自身の感覚に意識を向け、内的なエネルギーに身を任せてゆっくりと形を変化させているというふうであった。全身が健康的に日焼けしたその体は、日の光に照り輝くかに見えたが、それ以上に、大いなる体のエネルギーに輝くかのようであった。後光がさすという言葉があるが、こうした形容は天使や菩薩など、人間を超えた存在を示す形容であろうが、しかし、彼女の至福に満ちた目と、たとえようのない愛とやさしさに包まれたその顔は、人間を超えたそうした存在を思わせるに足るものがあった。彼女の周囲にただようすべてを満たしたような空間に私はいつのまにか引き込まれていた。ストレリチアなどの大型の南国植物を背景に繰り広げられたこの欲望という行為をまったく感じさせない二人のＴａｏは、周囲の自然をも巻き込んだ偉大な芸術行為と言う他はなかった。あるいはこれは、宇宙のＴａｏを自らの体で表した究極の宗教舞踏と言えるかもしれない。ともかく彼女たちは圧倒的な美しさと尊厳に満ちていた。私たちの「あさましい」「恥ずかしい」欲望のセックスとはまったく次元を異にするこの芸術行為は、長時間にわたって続き、男性が射精したのかどうかもわからないまま終わったように見えた。

なぜ、性行為によって、これほど人間が神々しく輝くのだろう。この男女は、相手の存在を通し、自然界の英知である精霊たちと交感し、彼らの概念では神に等しい宇宙に身を任せているのだろう。彼女たちのこの人間を超えたかのような圧倒的な威光は、野に輝く花々が自然界の精霊を体現した結果であるように、自然界の英知の輝きを最高度に体現するかのようであった。それは、人間の表すことのできる最も深遠なアートであり、最も謙虚な祈りでもあった。私はそれまで当たり前だと思っていた文明社会の射精主義のセックス観が、いかに偏狭なものかを思い知った。あまりにも自己中心的な欲望行為を、それがセックスなのだと私たちは思い込んできたのではないだろうか。ユダヤの聖典にもあるように、セックスはその人そのままを表す鏡なのだろう。彼女たちの姿は、愛によって人が神へと高められた姿にさえ思われた。太古の人々がいかに性に向かい合っていたのか、なぜ彼らにとって性が神であったのかを見せつけられた思いがした。これほどまでに崇高な行為を隠れて行わなければならない理由はどこにもない。彼らがセックスを隠れて行わないのは当然なのだ！

そもそも私たち文明人は、性行為を子供に見せることを教育上まずいことだと考えている。しかしそれは、私たちのセックスがそうした次元のセックスであるからではないだろうか。彼らのセックスへの認識は、私たちとはまったく正反対だ。彼らの認識では、セックスこそが他の何よりも優先して子供たちに見せるべき行為であり、この村の子供たちは、自身が両親のやましい行為によって生まれたのだというむなしさに出会うことはない。逆に、大人たちのこの聖なるＴａｏを見ることによって、人が神へと向かうその姿を学ぶのである。

私は以前、海外のカトリック教会で敬虔な信者たちが祈るその姿に、信者ではないながらも、何か人間にとって不変な姿を見たようで、感動を覚えた経験があるが、今、目の前にしているこの男女の姿には、そうした姿と共通したものがありながらも、神と対面する人間の姿のありのままの美しさとして、私が知るいかなるそれをも上回る自然な人間らしさゆえの美しさがあった。それも、私がそれまで、人間の敬虔な姿とは正反対だと思い込んでいたその行為によってその感動を与えられたということに、大変な衝撃を受けたのである。この時に私が受けた印象は、あくまで私個人の印象であるが、セックスの快の感覚には二種類あり、一つは、私たちが経験するような性器の刺激などにより脳が興奮状態となるもの、もう一つは、私たちには未知なエネルギーの流入、流動による、より深い快の感覚ではないか、ということだ。私たちの心の中には針があり、一定のぶれで振動しているものだと仮定すると、私たちの知るセックスの快感《エクスタシー》はこの針が最大のぶれで振動した状態、つまり興奮を引き金にして生ずるものであるが、彼女たちのそれは、私たちのそれとはまったく正反対の、つまり、針を限界まで鎮静化させることによって生ずるような、まったく異質なエクスタシーに思われた。この自らの振動を生じさせることのない鎮静化状態ゆえに、彼女たちの体は、自然界の微細な波長と共振し、無限大の至福に至っている。そんな気がしたのである。そして彼らはこの後者を主体にしているために性器の摩擦をできる限り控えるのではないか、また、この後者の方がより深い満足感が得られることもあり、彼らには私たちのような観念的性欲はないのではないか。

性欲という言葉が出たので思い出したが、老子一章には「無欲以観其妙」とあった。性欲を介在させない性行為を通してＴａｏのいかに玄妙な悦びであるかを観ることができるというこの言葉は、この鎮静化した針のような状態を言うのではないか。彼女たちは、まさにこの言葉の真実を、実在のその姿で証明していたのかもしれない。

この後も何度か私は彼らのセックスを見たが、いずれも大自然の中だった。彼らが美しい自然の中でセックスを行うのは、一つには、私たちがムードを大切にするのと似ているのかもしれない。しかし、私たちにはない彼らの観点は、それが単なるムードというのではなしに、実際の大自然との交感、交流を意識し求めていると思われる点である。これについては、M老人に実際に質問をして確証を得た。

彼は言った。

「その通りだ。性行為の最中には、人の魂は様々な影響を受けやすい白紙のような状態になる。だから私たちは、良い気が満ちている場所を選ぶのだ。もっとも、良い気という表現は、漢民族の表現で、私たちはそうした言い方はしない。私たちはそれを『精霊が活発に働く場所』という意味の表現で言い表す。

性行為の最中に皮膚感覚が鋭敏になるのは、あなたもご存知だろう。普段は感じられないわずかな刺激をも敏感に感知する、研ぎ澄まされた感覚の状態に自然に至る。性行為の最中に無心になるのは、そうした深い集中が自然にもたらされるからだ。この研ぎ澄まされた感覚は、さらにその鋭敏さを高めてゆくと、大自然との交感という、より精妙な波動の感知へとつながりやすくなる。

物理的な刺激によっても人体は快感を感じるようにできているが、それとは比べものにならない快の次元が、大自然との交感による快だ。私たちがヤーマを行うのも、それを目的にしている。人間の体は、その全身が、いわば、大自然とコミュニケートする性感帯なのだ。その感覚を高める方法がヤーマでもあるのだ。

このヤーマの文化は老子の時代よりもはるか以前からあるもので、当然、老子はこうした文化の中で育った人物だ。彼が性についての深い洞察を記すことができたのは、そうして研ぎ澄まされた人体によって、体感的に真理を会得する力が備わっていたからだ」

M老人が言うのには、このような性行為のヤーマは、そうした目的で行われるわけではないが、たとえば何らかの心理的トラウマを抱えたような場合にも、そのトラウマが瞬時に半減されるらしい。もちろん女性には美容にも急激な効果があるという。

ヤーマはＴａｏとよりよくつながるために非常に有効であるが、しかし、様々な観念を擦り込まれて育つ文明人は個人のヤーマだけでは完全な常道へは至り難いだろうとM老人は言う。

大自然の奏でるメロディーとは相容れない観念はすべて性エネルギーのブロックとなる。M老人はこのブロックを「我《が》」と言っていた。M老人の言う我《が》とは、性エネルギーの流動をブロックするバリアーのようなものであるらしい。私がこの村で得た体験の中で最大の体験は、この性エネルギーのブロックをはずすことのできた体験だった。それは、大いなる集団ヤーマとも言えるものであったのだが、それについては、最後の章で書くことにする。

Laozi&TaoCode 10

深遠なる身体観

——空間バランスによる人体の超法則を熟知した者たち

彼らは私たちが知るどんな名医よりも
体についてトータルに理解していて、
病気をどうするか以前に、
病気というものを未然にふせいでしまうことができる。
彼らは私たちのいう健康という概念を
はるかに超えた健康観をもっている。

小さなことと思われるかもしれないが、私はこの村で疑問に思ったことがある。それは、虫歯になったときに歯医者がないのにどうしているかということだ。私は後で知って驚いたのだが、彼らの中に虫歯の人はいなかったのだ。まれに虫歯ができたとしても薬草で痛みをなくしたり、虫歯の進行を止めることができるという。彼らに虫歯がないのは、彼らの生活にストレスがないことと、もう一つは、食生活が自然であるからだと思う。歯の分析のみで人間のストレス量を測定できるほどに歯にはストレスが表れるらしいから、彼らは人体のあらゆる器官が健全なのだろう。また、自然界の動物に虫歯がないように、自然な食生活の彼らは当然虫歯がないのかもしれない。いや、それどころか、病気というものが彼らにはまったくと言っていいほどなかった。風邪をひいている人さえもまず見たことがなかった。少々体が不調になった時点で、先のヤーマで、あるいは薬草を用いて彼らは自身の体を正常にもどしてしまう。

ヤーマは若さを甦らせ生命力を強化する彼らの医学なのだろう。M老人に限らずこの人々は体のどこをどうすればどんなふうに生命力が強化されるのかなどといったことを完全に把握していた。

彼らの少々不調という状態は、私たち文明人の何の問題もない状態に等しかった。自分の体の変化に彼らは驚くほど繊細で、わずかの変化を感覚的に掌握してしまう。代々受け継がれてきたという薬草の知識も驚くばかりで、森のすべての草の性質を完全に掌握していたが、彼らの体についての理解はそれ以上に驚くレベルだった。文明社会とはまったく違った人間観に彼らの体は支えられている。私はこの村に来る前まで、顔にごくかすかな小さなシミが点々とできていたのだが、村人から私の体に必要だということで教わった腕と背中を伸ばすヤーマと、その伸ばした箇所を指圧する方法（これもヤーマの一種）を毎日続けていたら、二、三週間でシミは消えてしまった。食べものが自然なものであったのもあると思うが、どちらにしても私にとっては驚きであった。彼らの中にはシミやソバカスのできている者は一人もいない。私たちが病気と認識しないこうした状況も彼らにとっては、不自然な病気なのだろう。M老人も都会での生活を少しの期間体験したことがあるようで、文明社会についてよくその実態を理解していたが、「あの社会は、私たちからみたら病人しかいない」と語ったことがあった。

私は医学の発達した日本のような社会に生まれてありがたいことだとそれまでは思っていた。しかし、この村での体験から、その考えは、まったくの文明人の思い上がりであると思い知らされた。彼らは私たちが知るどんな名医よりも体についてトータルに理解していて、病気をどうするか以前に、病気というものを未然にふせいでしまうことができる。しかもその能力は特定の人だけのものではなく、村人全員が自身の体を完全に把握しているのだ。

たとえていえばこの村の人々は、すべての人が最高レベルの医学博士である。彼らは私たちのいう健康という概念をはるかに超えた健康観をもっている。この人たちのすき透った健全な目の輝き、それは、私たちが遠く及ばない健康というものの証しでもある。

そういえば、思い出した話がある。M老人は次のように語っていた。


「私は中国社会で学校というものを見たことがあるが、子供たちがイスに長時間座るあの不自然な状態は、性エネルギーの流動を滞らせる体質を作ってしまうことになる。この村では決して子供たちをあんなふうにさせたりはしない。この村の子供たちは、自分の好奇心だけですべてを学ぶ」


M老人から見たら、文明国の学校というものが、病人の製造所のようだというのである。私はこれに限らず私がまったく気づいていなかった文明社会の問題点を数多くM老人に指摘されたが、あまりにもその数は多すぎてすべてを思い出すことは不可能かもしれない。

彼らの体の文化を考えながらもう一つ思いだしたことがある。それは、この村にはスポーツが存在しないことだ。彼らは私たち以上に体を培い、よりよく洗練しようとする。しかし、私たちのように勝負を本気で競い合うようなものは一つも存在しないのだ。

後で世界の体育史を勉強してわかったのだが、私たちが当たり前に現在行っているスポーツは人類の文化の中では非常に特殊な形態の体の文化なのだ。人類史の中では例外的なこの形態は、競争経済社会に適した人間性をもたらすために欧米から世界に広がり、人類共通の文化と見なされるようになったものなのだ。私たちは始めからこの西洋スポーツによって育っているので、これが特殊という意味がわからないかもしれない。しかし、M老人からみたら、勝敗ばかりにこだわるスポーツの姿は、あまりにも粗野で自己中心的な姿にみえるらしい。

互いの体の力を比較し、戦い合うための文化と、自らを精霊の表現体として完成させるための彼らの文化とでは、比較にならないほどの次元の違いがある。彼らはこの体の文化を通して人間本来の輝きを実現しているのだ。

彼らの住居についてはすでにふれたが、これもヤーマとのつながりがあるのだとM老人は言う。

自然素材の屋根の微妙な角度、高さと幅の関係、直線と曲線とが配される位置関係など、そうした全体に、機能上だけでなく精霊空間とするための法則があるとM老人は言う。たしかに彼らの住居にはそうした超感覚的な空間認識が感じられる。というよりも、空間が実際に家という形によって一つの愛ある生命のように息づいているかのように感じられる。M老人はこれについて、「こうした私たちの感覚は、主としてヤーマによって養われる。」と話してくれたことがあった。自身の体を自らの意志によってあるべきように「建築」した経験をもつ者は、その建築のノウハウをあらゆる創造行為に応用できるのだと彼は言う。人体の創造も、その本質は空間認識であり、一つの存在が存在として真に安定するためには空間的な安定法則があるのだと言う。その法則とは、正中線の確立と正中線から広がる空間のバランスであり、理想的な人体の法則は、他の万物に共通するのだと説明されたが、私には充分に理解できた自信はない。彼らの文化は私たちの文化とは違って、単純さの中に深遠な知恵が隠されている。その典型がヤーマと言えるだろう。

しかし、この村の秘密は実はこれだけではなかった。私は、この村で、ヤーマ以上の衝撃的文化に出会うことになったのである。

Taoへのダンス

——次元上昇の扉へ！
万物一体感へと導かれた聖なる祭り

愛だけに満ちた意識の海の中に私はいた。
何という幸福感だろう。
私が今まで生きてきた人生の中で傷付き、
抑圧されていたマイナスの観念や思い、
そうしたどうにもならない影の感情が
すべて溶解してゆくかのように感じられた。

この村では、まるで毎日のように祭りが行われる。

私はこの村の祭りに参加させていただくようになった。祭りが行われる場所は、「神々の森」と呼ばれる森の中だった。

村から少しはなれた小さな山にこの森はある。この森は、いかにも神々が宿りそうな荘厳な雰囲気がある。村から二十分ほど歩いた細道からはずれて山を入ってゆくと、こんもりと森の木々に半分おおわれた円形の空間が広がる。この村は、どこにいても心安らぐ思いがするのであるが、この場所はとりわけそうであった。私の魂は異常なほどこの場所に懐かしさを感じた。

この、森の木々に覆われた自然の家のように感じられる小さな円形の広場の中心に、一つの石柱が立っている。高さは一メートルほどある石柱だが、よく見ると男根の形をしている。相当古いもののようで、古代の遺跡を思わせた。

この場所は、祖先霊の宿る場所として、また、天神の降臨する場所として、はるかな昔からずっと人々が祭りを行ってきた場所なのだとM老人は説明してくれた。何千年も昔の人々がこれと変わらない風景を見ていたかと思うと不思議な気持ちになる。

この垂直にそびえる石柱を取り巻く空間は、聖なる空間であるという認識が彼らにはある。彼らの認識では、この石柱の中心軸に精霊が雷光のように降臨するのであり、その周りの空間は、精霊の働き給う場となるのである。

なお、私は日本にもこの目の前にしている石柱とそっくりな男根の石柱が縄文遺跡の一部に残されていることを後で知って驚いた。インディアンのトーテムポールも、あるいはエジプトのオベリスクも、もともとは垂直にそびえる男根像だったという説もあるから、彼らと同じ原始性宇宙観に基づくものであったのかもしれない。古代日本で神が「はしら」と呼ばれたのも、なぜ神が柱なのか、現代人には理解できないが、こうした認識がルーツにあったのかもしれない。

彼らにとって、祭りとは、個々の精霊の働きを超えたより大きな精霊の働きとの出会いを意味するのだそうだ。

祭りの時には、村の人々はこの石柱のまわりを円形にとりまく。男女が交互に並んで輪をつくり、最初のあいさつと思われるしぐさを行う。あいさつといっても、精霊へのあいさつであり、祈りでもある。

彼らには、この石柱の下方には祖先霊が、そしてその上方には天霊が働くという認識がある。しかし、同時にそのそれぞれは、別のものではなく彼らの中では一つなのだ。私たちの概念とは、この点でもまるで異なるのである。ともかく、そうして彼らはこのすべての中心点たるこの石柱に意識をあずけるのである。

私は最初の祭りの体験が忘れられない。すべての中心であるこの中心に向かい、手のひらを上にして前方にさし出すこの時の彼らの姿の神々しさが、私の脳裏に強く焼きついている。この一瞬で場の雰囲気は別世界のように静まり返ったのを思い出す。まるで空気が静止したかのようで、風でゆらめく木々の音だけが鮮明に聞こえてくる。やがてそれさえも聞こえなくなるほどの静寂さに達した時、今度はゆっくりと体をなでるように両手を降ろしてゆく。ただこれだけの仕草で、なぜか体の芯がぞくぞくするほどの震撼を覚えた。とくに体をなでるように降ろす時、たしかに私の体は何かずっと以前にもこれと同じ体験をしたことがあるかのような不思議な感覚を感じていた。これを数回繰り返した。村人たちの意識の影響もあるのだろうか、私はまるで別次元に入ってゆくような錯覚に陥った。体も魂も洗い清められた思いがする。

さて、特別な祭りでない限り、この後は、すぐに踊りに入る。この踊り自体が儀式の始まりでもある。

人々の輪の外側四ヵ所に、大きな石があり、男の人、二、三人がその石のある四ヵ所に大きめの竹筒を両手に持って立っている。これは、踊りのための演奏を奏でる人たちだ。竹と竹とを打ち合わせてコーンコーンとリズムをとる。四方八方から、そのリズムが響き、時に石をその竹でたたくとカーンという響き。わきにある中がくりぬかれた大木の太鼓をたたく音。それと、人々の独特の発声、ただそれだけでなぜこんなに神秘的な音楽となるのかと感心させられるほど、魂が高なる音と声の世界だった。文章でこの音楽のすばらしさを表現できないのが残念でならない。彼らにとって、音楽とは、人間が創り上げるものではなく、大自然にはじめからあるリズムを顕現させる行為を意味するのだ。森の中に立体的に響き渡るエネルギッシュな音とリズムは、それだけでも私に未知の陶酔感をもたらした。

この音楽に合わせて軽快なリズムで足を踏みながら人々の輪は回転してゆく。皆でつくった輪が一回転するまでそれを続ける。人々皆が一つに統合されてゆくのが感じられる。一回転すると、今度は手を上げたりさげたりしながら踊る踊りに入ってゆく。内側を向いているので、みんなの表情がよくわかる。私のむかい側にいる少女たちの開放的な表情がなぜだか何ともいえない懐かしさを誘う。

時刻はすでに夕方であたりは薄暗く、演奏者たちの後方に灯された焚き木の灯りとそれによる人々の影のゆらぎが独特の雰囲気をかもしだす。

人々はみんな、中心のあの石柱に意識を向けて踊っている。みんなの意識がその一点に集まる。私の意識も、その中にとけこんで、皆と一つになってゆくような気がしてくる。

三十分ほどは踊り続けただろうか。音楽は単純ではあるが16ビートのリズムとなり、踊りもしだいに軽快になり、とびはねるようなサンバを思わせるリズミカルなものとなった。すべての人のアップテンポな動きと自分のそれがぴたっとそろっている快感、音楽と自身が一体化している快感、迫力と熱気に包まれた空間と一体化している快感に、私は陶酔していた。そして魂の高揚が今までにない頂点に達したと私が感じたそのとき、音楽は鳴り止み、人々は上方を見上げ、ハミングのように聞こえる独特な発声とともに厳かな祈りのようにゆっくりと両手のひらを上にして斜め上方にあげてゆく。このとき、私はすべてが静止したかのような奥深い静寂さを感じていた。その静寂さの中で、人々は、手のひらを自分の方に何かをいただくように向けるしぐさを実に厳かに三回繰り返し、隣の人と手と手をふれ合うようにつなぎ合い、踊りはいったん静止した。

私の両脇の女性と手をつないだ瞬間のそのやわらかな感触が、彼女たちの心の世界のすべてを一瞬で伝えてきた。言葉ではうまく説明できないが、彼女たちはふだんから私とはまったく違う自由な心の状態で生活していて、私の数倍も鋭敏な感覚で様々な事象を感じ取っていることが、なぜか伝わってきた。

そしてその感覚が、手をつないでいるこの人々全員へとつながっていることに気がついた。この村の人々の意識に触発されたのか、このわずかな静止中に、私は今まで経験したことのないような一体感につつまれていたのだ。それまでも一体感を感じてはいたが、そんなレベルをはるかに超えた感覚だった。

人々みんなが、深い一体感を感じていることはあきらかだった。誰の顔を見ても、これ以上ない最高の芸術作品というべき表情だった。すべてが癒されるほどの何ともいえない表情。そうした人々の意識が視覚を通さなくても、あろうことか体で伝わってくるのだ。

私にとってこれは、ただの一度も経験したことのない意識体験だった。

誰を見ても、これ以上ないと思えるほど魅力があった。顔のつくりなど問題ではなく、解放的幸福感からあふれ出る笑顔、そして、無条件ですべてを包み込むような慈眼。この独特の空気も、そうした人々の至福感を無言で伝えてくるのだ。

そんな歓喜に包まれたその瞬間、手をつないだままでの踊りが始まった。体の躍動感がさらに目の前の彼女たちを輝かせる。もうこれ以上私の高揚感を言葉で表現することは不可能だ。ヤーマによって極限まで洗練された肉体が水を得た魚のように舞い遊ぶ。彼女たちが心を込めて作った手製の衣装は、彼女たちと同じほどに美しく輝き、その姿はまさに天女だった。

この高揚感を生じさせているものは、こうした彼女たちの精霊意識（性エネルギー）と交流し合っている私自身の精霊意識なのか。これが性エネルギーの脈動というものなのか。

これほどまでに美しく解放的な人々、その人々の意識と自身の意識が交流し合っているこの一体感。この何とも表現し難い一体感が、私自身の自己認識をも否応なしに変化させた。

自分自身がそれまでとはまったく違って感じられた。私は、自分自身が、これほどまでにすばらしく、尊い存在なのだと感じたことはなかった。私は、私とは何かを、今の今まで知らなかったのだ。まわりを見ると男の人たちもみな、賢者のように厳かにみえた。まるですべてを知っているかのような彼らの目は、私が今まで信じていた人間というイメージを崩壊させた。私は今まで何もこの村の人々の姿が、この世界が、見えていなかったことに気づかされた。

愛だけに満ちた意識の海の中に私はいた。彼女たちだけでなく、この空間すべてが彼女たちのように美しく輝いて感じられ、彼らのように厳かに感じられた。私の眼前の、この世界は、一瞬で変化してしまったようだった。この恍惚感はたしかにセックスのエクスタシーをその広大さの上でも深さの上でもはるかに凌駕していた。

踊りは集団で円をつくり、ゆっくりと回転しながら進んでゆく。手はつないだままだ。そして四分の一周ごとにアクセントとなる動きが入ったりする。この繰り返しで踊りが進む中で、私はさらに深い一体感に満たされていった。すべての人がまるで自分自身のように感じられる。自分と人との間に何の壁もなく、私がそう感じるように相手もそう感じているのが肌でわかる。何という幸福感だろう。私が今まで生きてきた人生の中で傷付き、抑圧されていたマイナスの観念や思い、そうしたどうにもならない影の感情がすべて溶解してゆくかのように感じられた。

これは一時的な興奮ではなかった。私はこの体験以後、それまでとは違った感覚でこの世界を感じる体質となった。何が違うのか、言葉で説明するのは困難であるが、ただ一つ明確なのは、ただそこにあるだけで、自分が幸せに感じられるその感覚だ。幸福とは、何かを手に入れなければ得られないものではなく、むしろ、何かを手に入れようと思うことそれ自体が幸福からはずれた生き方である証拠なのだと、この時以来私はわかるようになった。

(なお、私はこの旅から帰ってから、今までどうにもならなかった自分自身の個人的問題が氷解した。これは、奇跡的に自分の思い通りに偶然に物事が進んでそうなったのであるが、私自身の変化が、こうした結果をもたらしたのだろうと思う。また、一日の体験のように書いてしまったが、実際には、回を重ねるたびに私の体験は深まってゆき、こんな意識を体験したのである)

この祭りを重ねるたびに不思議なほどに他人に対する無意識の恐怖心がなくなってゆく。私たちは、たとえばあの人にこんなことを言ったらどう思うだろうとか、そうした他者に対する恐怖心とそれゆえの壁《バリアー》を作っている。深い一体感を通してそうしたガードが自然にはずされてゆくのだ。私にとって、ここに来たばかりの頃はこの集団での舞いが今までの自分の心を癒してくれる場となっていた。

そこには言語によるコミュニケーションは何もない。しかし、その無言のコミュニケーションの中で、私の求めていたものがすべて満たされてゆくのを感じた。

こうした感じが踊るたびに強まっていった。そしてある大きな祭りの日に、私は先のような衝撃的な体験に出会ったのである。

通常の祭りは数十人程度の人々で行われることが多い。しかし、年に数回の大きな祭りでは村人全員に近い人がこの場に集まる。

(一年が十六ヵ月のこの村の先祖伝来の暦は、まず一年が四つの季節に正確に割り当てられていて、それぞれの月が四つの週に分割されている。それらの区切りに大きな祭りが行われるのである。また、これとは別に、月の暦というものがあり、月の祭りもある)

音楽だけでも二、三十人ほどの人が奏でる大迫力の中で壮大な祭りが始まる。大きな祭りでは人々が所せましと座したままの舞いから始まる。軽快な16ビートのリズムに合わせて人々が一斉に同一の動きを刻む姿は実に壮大だ。そんな中で私は巨大な一体感に包まれた。すべての人の中に私の意識が入り、すべての人の意識が私の中に入っている。

人との一体感だけではなかった。無数の草や木のすべてが生きているということが、肌でわかる。草や木だけではない。かすかにゆらめく空気の存在も生きていた。私のまわりの空間は、すべてが命だった。すべてが魂だった。生命の海の中に私はそれと解け合って存在している。そんな感覚だった。存在という存在はすべてが生きているのだ。それが観念ではなく、肌でわかる。そしてその反対に私の眼前にある無数のそうした存在たちは、私が彼らを感じるように、彼らも私を感じている。それがどう感じているのかも頭ではなく肌でわかる。そしてそうした一体となった感覚が、言葉に言い表せないほどの満ち足りた何かを私の中につくりあげていた。この表現は決して適切ではないが、これ以上に適切な表現が私にはできない。万物一体感とは、こういうものなのか。あまりの満ち足りた感覚に、私の体は芯から電撃が走ったかのように感じられた。

それはたしかに、一種のエクスタシーだった。たしかに老子の言うように、この歓喜に近いものは、性のエクスタシー以外にないだろう。しかし、性のそれは、局部的だ。今、私のそれは、私の体どころか、他の人の中にまで広がっているのがわかる。すべてが私の体でその広大な体が歓喜に震えている。

この体験は私に様々なことを気づかせた。

この村のおばあちゃんたちが、なぜあれほどの、神がかっているとさえ思えるほどの洞察力をもつのか、私はこの体験で思い知った。意識と意識のコミュニケーション、それが、人への深い調和と共感をもたらす。おばあちゃんたちが何でも見抜けるのは、単に物事を観察する能力なのではなく、この、今私が体験している意識の次元にあるからに違いない。現に私も一人一人が何を感じ、どんな思いでいるかを、まるで自分自身の手足の感覚のように感じている。今、人を傷付けろと言われても、間違いなく私は自身が傷付いても人を守るだろう。一人一人がそれほどまでにいとおしく感じられる。

これが人間の心というものだったのか。私が今まで自分の心と思っていた自分の心は、卵の中にいる雛《ひな》のようなものだった。何という世界だろう。すべてがいとおしい。何という自由な解放感だろう。自分がすべてに広がっている。

気がつくと、まわりの人たちが私をとりまくように囲んで私の手を握りしめている。私がどんな感動に包まれていたかを、彼らはすべてわかっていたのだ。一人一人が私の心を見通すかのように無言の笑顔でみつめてくれている。私は、何でもわかってくれている大きな母の懐に抱かれた幼児のように自身を感じた。気が付くと、私の目からはすでに大量の涙があふれ出ていた。

すべてを洗い清めるような涙の中で、私の中の心のブロックがごく自然に消滅していた。M老人が我と呼ぶ、心の汚れでありバリアーである自尊心や執着心や憎しみといったエゴが私から消えていた。

彼らはこんな世界で育つのだと、はたと気がついた。人々の中には子供たちもいる。彼らはこんな小さな頃から、私がこの年齢で、しかも奇跡的な体験と感じたこの体験を、ごく日常的に体験し続けて大きくなる。何という世界なのだろう。

日本の学校の道徳の教育など、この体験の価値のほんのひとかけらにも相当しないだろう。この場から得られるものは、思いやりをもちましょうとか、やさしくしましょうとか、協調性とか、そんな言葉で表すよりももっと深くにあるものだ。それ一つがあれば、そうした一つ一つはすべて必要ではなくなるほどの根源的なものだ。

文明社会の宗教で語られる煩悩の超越や悟りなどといった言葉も、この体験以後、そのテーマ設定自体があまりにも人為的に感じられ、自尊心を感じさせる響きに感じられてならなくなった。

彼らの祭りは、最高の道徳であると同時に体を魂と共に躍動させる理想的な体育であり、全身で味わう音楽でもある。また、はるかな昔からの祖先の営みと知恵の本質を学ぶ生きた歴史の勉強でもある。さらには、一つの社会を調和統一させることを政治というのだとしたら、この祭りには話し合いなど皆無であるにもかかわらず、人々を最高レベルの調和統一へと導く超言語的政治ともいえる。実際、この村には政治などはなく、この祭りが、村全体を統一させる役割を果たしている。またこれは、人々をこれ以上にないほどに輝かせる人間そのものを対象にした芸術でもあり、そうして輝く彼らだからこそ、あんなにも美しく心のこもった織物や、土器や村が生まれる。教育、政治、芸術のどれをとっても文明社会が目ざすその理想をはるかに超えて実現させてしまうこのシステム、しかも、たった一つの行為がそれを成就し、そのどれ一つをとっても文明社会のそれをはるかに凌駕するレベルに完成させるこのシステム、何という文化なのだろうか。

すべての存在は、「一」なるものによって、満たされ、生かされるという、老子の世界観は、この村のような、こうした世界を表したものに違いない。

昔之得一者
天得一以精
地得一以寧
神得一以靈
谷得一以盈
萬物得一以生
侯王得一以爲天下貞

其致之一也

昔の一を得たる者、

（三十九章）

天は一を得て以て清く、

地は一を得て以て寧く、

神は、一を得て霊に、

谷は一を得て以て盈ち、

万物は一を得て以て生じ、

侯王は一を得て以て天下の貞と為る。

其の之を致すは一なり。

これが老子の言うタオの世界なのだ！

私たちの文明社会では、教育も、政治も、芸術も、複雑化に向かうばかりで本質が忘れ去られ、子供の心は育たず、政治家は自分の利益しか考えない。人間性を失ったかにみえる青少年の非行や、小学生のレジャーと化した万引、成人になる人間とは思えない成人式での傍若無人な振る舞い、何もかも利益につなげようとする大人たちの浅ましいまでの利益主義、そうした日本の実態が頭をよぎった。何という違いなのだろう。

私たちは複雑化が賢さなのだと信じてきたが、しかしこれは、まったくの誤りであることに気づかされる。この村は、逆に、一なるものへの帰一、すなわち、単純化という賢さを、極限まで実現させた社会である。この、最高レベルの効率社会はそうして生まれ、省エネ社会はそうして生まれる。時間的ムダ、物質的ムダがまったく存在しないのだ。

私は今まで人間とは、働かなくてはならないもの、食べてゆけないものだと思ってきた。しかし、この村の人たちは、すべての人がその例外である。この村の人々は、自身を磨く創造行為にしか時間というものを使っていない。彼らは自身の魂が真に望むことを望んだ通りに行って日々を過ごしている。この繰り返しが、裏も表もない彼らのやさしさ、人間的輝きをもたらしている。

大半が共働きの日本の社会では、日中のほとんど全時間が、労働に縛られている。私はそれが当たり前の人間の姿だと思っていた。しかし、私は、この村に来てから、一体、社会とは何なのか、国家とは何なのかを考えるようになった。私たちの社会は、経済というものによって人を縛る、奴隷化を奴隷化と感じさせない奴隷化社会でしかないのかもしれない。そればかりか私たちの社会では心を育てるはずの宗教でさえも、信者獲得という労働に縛られている。それに比べこの世界では、何を信じろなど一つも教えられていないのに、子供たちも大人たちも、畏敬すべきを畏敬し、彼らや彼女たち自体が、天女や賢者のようにさえみえる。

きっと太古にはこんな社会があたり前に存在していたのだと、私は私自身が無意識に描いていた古代社会のイメージがいかに誤っていたかを反省した。私は私の属する社会が恥ずかしく思えた。あまりにも暴力的な社会に思えた。おそらく人類の大昔は、すべてがこの村のような理想的社会であったものが、いつの間にか一つの社会が欲と権力を求めたところから今日のような国家支配の世に至ったのだろう。

教育であり、芸術であり、政治、体育、娯楽、宗教でもあるこの集団芸術は、同時に、何千年、何万年に渡る彼らの祖先たちの英知を次世代へと伝える情報伝達の場であり、見えない文化の記録でもある。

私たちの文明社会は今、あたかも宇宙のビッグバンのように複雑にふくれあがり、その頂点でどうにも収集がつかなくなってきた。この社会がふたたび収縮へと向かうそのすべを、私は教えられた思いがした。

読者はこの私の表現を誇張した表現と思うかもしれない。しかし、私は誇張どころか私のあの感動を充分に表現しきれない私自身にいらだちを感じている。こんなに様々なことを書きながらも、伝えたいのは、あの一体感が何だったのかという一点に尽きる。

それを伝えようとしながらも、充分ではない文章力がそれを阻んでしまっている。私のこんな表現の何倍も深い体験だったのに、どうやってそれを人に伝えていいのか私にはわからない。読者の方々には、どうか想像力で、私の拙《つたな》さを補ってほしいと願いながらこれを書いている。

私はそれまで、人間とは、仲良くしようとする一方で互いに互いを批判し、否定し合う、そういう存在であるのはしかたないことだと、いつの間にかそう思って生活していた。しかし、そうした他人への気づかない警戒心や恐怖心といったものがまったく必要のない状態が、いかに幸福なのかを体験させられたのかもしれない。

私はまるで人々の愛の意識の海の中にいるようだった。私たち一人一人は、その海のような意識を受信する受信機にすぎなくて、同じ意識を共有しているという、たとえようのない安心感、これは本当に、言葉では表現が不可能だ。

この村にいて、日本の社会のことを思い出すと、かえってそれが非現実的に思われてくる。この村のありのままの現実の中にありながら思い出すと、あたり前の現実だと思っていた日本の社会が、まるではかない空想上の幻のように感じられ、人と人とが憎しみ合い、あくせくと歯車のように働かされる社会が、なぜか自分がいた社会でありながら、ひどく異様な世界に感じられる。子供が学校に行くのは当然の義務だと思っていたのに、ここの子供たちを見たその目で日本の子供たちを見れば、生まれながら自由な存在であるはずの子供たちまでもが強制教育という枠組みに縛られる、罪な社会に思われてくる。この村の子供たちは小さな頃から村人皆からかわいがられて育つ。母親一人が個室の中で育児に追われるということはない。ことに小学校低学年ほどの歳の女の子たちは皆、赤ちゃんが大好きで、赤ちゃんのいる近所の母親たちにおねだりしては母親体験のようなことをするのが習慣になっていた。学校と塾にのみ追われている日本の小学生とは実に対照的だった。最初に出会った三人の少女がそうであったように、この村の子供たちの目が日本の子供たちには見ることのできないような人間的知性を感じさせることに、私は大きなカルチャーショックを受けた。日本のような教育のあり方が、進歩した教育のあり方なのだと信じていた私は、彼女たちの知識を超えた「知性」に衝撃を受けた。多忙な中で子育てという「労働」に追われたり、「子供なんかめんどくさい」などと言う日本の若い女性たち、そんな世界がひどく病的に感じられる。こんなにまでやさしく人間味あふれるこの人たちを見ていると、なぜ日本では子供たちまでもが傷付け合うのかがわかる気がする。老子が言うように、この世の中はまったく逆説的なのかもしれない。教育という美辞麗句で飾りたてられた日本にはそれがなく、教育という言葉すらないこの村には、私たちが求めているはずの理想中の理想の教育が実在している。私は今まで何を信じていたのだろう。

この村にいると、私たち日本人が最も当然に価値あることと思っていることさえも、果たして価値なのかとも思えてくる。たとえば、がんばりましょう、がんばってください、と私たちはよく口にする。しかし、日本人のようながんばり方なんかしていない彼らの生き方は、私の目には、人に対しても物事に対しても、日本人よりもはるかに心のこもった誠実な生き方に見えた。また、日本人よりも真に創造的な生き方に見えた。彼らを見たその目で日本人を見ると、日本人の「がんばる」という観念は、極めて攻撃的な観念に見えてくる。考えてみれば、がんばる国として思いつく国ほど、より残虐な戦争というものをつくりあげている。西洋で一番よく働くドイツ人も、世界一の過労死者数を誇る日本人も、西洋と東洋で最も残虐な戦争の歴史を刻んだ民族だ。反対に、がんばるという価値観のない民族で、戦争をつくりあげた民族があるだろうか。まったくそれを知らない南の島の人たちなどはもちろんだが、いくらかがんばる人もいるインド人でさえ、戦争をつくらなかった。戦争をつくりあげた国々は、例外なく利潤獲得のための労働に価値を置く国々だ。自然破壊、環境破壊の大きさも、やはり、そうしたがんばり主義度に正比例している。

この村の人たちの中にいると、これが本当の人間らしい平和なあり方なのだという実感がわき起こる。この村の人々には、「がんばり」でも、その反対の「ぐうたら」でもない、そうした次元を超えた生き方がある。

今アジアの国々はこれまでに経験しなかった最大の危機を迎えている。何千年という長い歴史で培われたそれぞれの民族文化が、突然押し寄せた文明経済という津波に呑まれ、一瞬で崩壊するという現象があちこちで起きている。急激に貧富の差が生まれ、下層へと追い込まれた人々は食べてゆけなくなり、それまでは皆無であった盗みや虚偽という見慣れない世界が生み出される。そうした社会変化が、それまでは調和的であった人間関係の質や構造を変え、家庭の絆まで蝕んでゆく。そうして心のよりどころをなくしてゆく人たちがあふれ始めている。日本で百年をかけておきたことが、わずかの間に、しかも、よりクラッシュな現象として襲いかかっている。

今、アジアでは、自分たちが失ったものは、何だったのかを内省しはじめている。客観的に、自分たちの根ざしていた文化の価値に気づきはじめている。しかし、自分たちの心を支えていた文化の根が何であったのか、自分たちにもわかりかねている。ましてや、そこにどうやって帰れるのか、帰り道を失っている。私がこの体験をしたのは二十七年も前のことで、まだ多くのアジアがこんな事態に巻き込まれる前だった。

私はこの体験で、アジアの諸民族のそれぞれの文化が、共通に根ざしていたその根に出会ったのかもしれない。

Laozi&TaoCode 12

愛《大道》に満たされて

——地球上で最も正当に進化した社会システム

欲という欲は、得られない愛の代償として生まれる。
真の愛のあるところに欲は生じない。
そして真の愛は、個人の性をぬき超えた聖性、
グレートタオを経ずしては生ずることはない。

後に知ったことだが、アイヌの文化では、自然界の存在を自分たちの生活のためにいただく時、祈りをささげる。その祈りは、私たちの目でみれば、歌でもあり、踊りにもみえる。彼らは音声によって場を清め、踊りによって空間を息づかせ、直接に神々に結ばれる。

これを知った時、私は、私のこの体験と同じだと思った。そういえば西洋のフォークダンスでも、たとえばマイムマイムは手をつなぎ円形になり、これとよく似た形で踊る。もちろんマイムマイムはさほど古い歴史はないだろうが、フォークダンス自体は、おそらくこうした人類の基底的文化に根ざしているのだろう。東洋の基底文化は、遠い昔、ヨーロッパの基底文化でもあったに違いない。

こうした意味の踊るという人類始源の行為は、人類が求めるすべてを満たす力を秘めているのかもしれない。

あの体験以後、私に生じた明確な変化は二つあった。

一つは、あの体験以後、森に入ってゆく度ごとに一種の恍惚感に包まれるようになったことだ。森の木々や草花との間に大きな交流が起こるのがわかるようになった。村の少女たちが言っていた精霊の働きが、概念としてではなく、体でわかるようになったのだ。森の中で一人でヤーマをやっている人たちの深い恍惚感も、はじめて私にもわかるようになった。

もう一つは、先にふれたあの体験の後、今までどうにもならなかった問題が一挙に解決したことだ。私のかかえていた問題は二つあって、一つは恋愛、もう一つは家庭上の問題だった。後者は私個人の努力ではどうにも不可能に思われる深刻で辛い問題だった。ところが、日本に帰ると、まるで別世界のように家族に変化が生じ、まったくなかった問題であるかのようにこれが解決されてしまったことは、私にとって最大の奇跡だった。

そういえば、あの村にはこの私のような問題に苦しむ人などいなかったことを思い出す。

私は日本の社会に育って、男女というものは、愛し合う片方で憎しみ合う性質をもつものだと、そうとは意識しないまでもそう信じていた。多くの男女関係のもつれを見たり、テレビドラマを見たりしながら、それが人間の姿なのだと思い込んでいた。しかし、この村で生活するうちに、私のそうした人間観はあっけなく崩壊した。この村で、私は男女関係のもつれなど、ただの一度も目にしたことはなかった。それどころか、日本では日常的な、ごく小さな男女の諍《いさか》いさえも見たことはなかった。あの祭りで体感したような愛に包まれて育つ彼らは、愛に飢えたり、愛を渇望することがない。だから、それを相手に求めたり、不満を抱いたりすることがなく、反対に、誰もが当然のごとく愛を与えようとする。そうした彼らの満たされた意識が自然に理想的な男女の関係を生じるのだろう。

あの村での体験以後、私は日本の人々が愛に飢《う》えている姿がわかるようになった。あの村の人々は、異性を獲得して自分のものにしようとか、自分の気持ちを何とか告白して通じさせようとか、そうした個人的意思で異性に向かうことをしない。あの祭りで私も体験したように、意識と意識が通じ合っている彼らは、好きという気持ち自体、私たちのそれとは違って彼らのそれは互いの共感から生じる愛の意識であるために、片方にその意識が生じるときには相手にも生じていることを彼らは知っている。だから、ことさら言葉に出さなくても相手のことを好きと思えば、相手にそれは通じているのが通常で、文明社会の人間のような片思いに苦しむ姿はほとんど目にしたことはなかった。

こうした見えない愛の次元で出会うべき人を探り当てる彼らが、誰を見ても幸せに満たされているように見えるのは当然かもしれない。彼らを見ていると、人間は最初から出会うべき理想の異性が本当にいるのだろうと思われてくる。日本では「赤い糸」の話が夢として語られるが、この村ではそれが当たり前の現実としてある。だから結婚は早く、十四、五歳までには自然に望む相手と結ばれる。彼らを見ていると、この年代で結ばれることが人類として自然であるような気がする。

所有欲や嫉妬心で相手を縛る観念のない彼らは、相手と結ばれた後も、他の異性と、精神的には、日本人の夫婦以上に深く通じ合っているのを感じた。かといって、もちろん、浮気に走るということもない。さらに言えば、彼らには私たちのような統制された結婚制度がなかった。法律や政府による結婚管理のない彼らは、流動的な状況があったとしても、全体では見事なバランスが保たれていた。まるですべてが一つに統一された生命体の複雑な組織のように、この村の男女関係の全体が完璧なまでの調和を生み出すのは、やはり、あの一なる中心に村人たちすべての意識が結ばれているからに違いない。彼らは、村の異性すべてと、私たちの妻や夫に対するそれよりも深い一体感で結ばれているようにさえ思われた。彼らの日常はスキンシップで満ちていた。まるですべての人が心の通い合った恋人のようでさえあったが、かといって、他の異性とのスキンシップに嫉妬心が起ころうはずはなかった。大道に満たされた彼らの中には、個人的な欲でそれを求める心などないからだ。異性に対する所有観念がないことが、逆にこうした自由な一体性を結果として築いているに違いない。それは、人間以外の存在に対しても同様だった。財産の一人じめなどあろうはずはなく、財産という概念自体が彼らにはなかった。

彼らの愛のすべてを実現させているものは、単なる男女の愛そのものではなく、そのすべてを包括する大きな愛（大道）なのであり、そしてそれを支えるものこそ、あの彼らの祭りなのだ！

文明人は、この愛の本質であるグレートタオを失っている。だから、求めながらも愛が得られないのだ。

私はあの体験以後、人々がなぜこんなにも金銭に飢え、権力に飢えるのか、そうした心理も不思議なほどわかるようになった。

文明人の物質欲は愛の代償だ。人間の心には、精神の世界と物質の世界を混同してしまう性質がある。異性を自分のものとすることを愛の獲得と錯覚する心理は、物を手に入れることをも愛の獲得と錯覚する。デパートで買い物をすることで心が満たされた気がするのも、そうした心理がその裏に潜んでいる。文明社会ではこうして人々が所有欲という倒錯した愛欲を発展させてきた。そうした倒錯的愛欲の飽和点で生まれた制度が、現代の資本主義でもある。

愛に満たされない心理が生み出すものは、権力欲でもある。他者を自分のものにすることを愛の獲得と錯覚する心理はまた、多くの人々を自分のものにし、自分の配下に収めたかのような状態に快感を覚える。潜在心理はそれを多数の愛の獲得と錯覚する。この倒錯した愛欲が、権力欲と呼ばれる文明人特有の欲だ。よく観察してみればわかることだが、権力欲旺盛な人間ほど、愛に満たされない過去の体験をもっているものだ。こうして無数の権力欲が権力欲とぶつかり、争いが争いを生む。

憎しみ、破壊、争い、孤独、病的心理など、文明社会のありとあらゆる悲劇は、たった一つの欠落から生まれている。それは、真の愛の欠落という、人にとって中心にあるべき一点が欠落したことによる悲劇なのだ。

この村の人々には私たちのような権力欲や物質欲など、みじんもなかった。当然、彼らの社会には私たちの社会のような悲劇もない。それは、彼らは、はじめから真の愛に満たされているからだ。人にとっての中心なる一点を失っていないからだ。

欲という欲は、得られない愛の代償として生まれる。真の愛のあるところに欲は生じない。そして真の愛は、個人の性をぬき超えた聖性、グレートタオを経ずしては生ずることはない。私はそのことを、人類の源初的あり方が奇跡的に残されたあの村でのあの祭りで学んだのである。私にとってあの体験は、病んだ文明人の一人だった私が、自然なる人間へと復帰したイニシエーションでもあったと思う。

思えば、現代文明が直面しているあらゆる問題は、すべてこの「欲」をクリアーすれば解決できるものばかりだ。人類が調和団結すれば難しいはずはない環境問題、戦争の問題、人心荒廃の問題、こうしたすべてはこの異常愛欲から生じている。この村で得た体験は、現代社会の抱える大問題を一挙に解決させてしまえるほどの方法論を秘めていると私は確信する。

あらゆる異常心理は、愛のひずみから生じ、その異常心理は、特別な犯罪者の心理ではなく、文明社会のあらゆる人にまで及ぶほどのごく日常的な心理である。あの体験以後、私は日本人が異常だとは思っていないごく日常的な感情さえも、その多くが倒錯した愛欲に基づいているとわかるようになった。嫉妬心や競争心、優越感、あるいは、正義感さえも、その裏には歪んだ愛欲の心理が潜んでいる。文明人の多くの争いは、この病的な正義感が生み出している。誰かを傷付けることでしか幸せを感じられない優越感の心理も、文明人の病的心理の典型だ。それまでは見逃していたこうした感情が、病的であることがわかる認識眼が私の中にいつの間にか生まれていた。

M老人は、「愛は愛を呼び、感謝は感謝を呼ぶ」と言っていた。あるいは都会人について語っていた時に、「不満は不満を呼び、憎しみは憎しみを呼ぶ」と語ったこともあった。そうしたことがどんな心の構造や働きによって、生ずるのか。私は説明されなくてもわかるようになっていた。

認識のあるところに悲劇は生まれない。文明人は、こうした心理を認識さえできないために、問題意識すらもっていない。それがそもそもあの村の人々との大きな違いだ。

こうした見えなかったものが見えるようになる人間としての認識の拡大を、昔の人々は悟りとも言ったのだろう。しかし、いつのまにかこの言葉も、宗教世界では宗教者を権威づけるために用いられるようになってしまい、悟りとは、何か特別者のものとなってしまった。この村には、そうした権威づけなどない人間本来の姿がある。

私たちの社会では、あらゆる動物の中で、人間のみが自然を破壊し、人間のみが不必要に他の命を奪い、人間のみがさかしらな考えをもつとよく言われる。しかし、それが誤りであることを彼らはみせつけてくれている。人間としての彼らは、あらゆる生きものの中で最も命を大切にし、最も高度に自然と調和している。そして何よりも生命としての輝きを最も輝かしく放っている。

これが人としての進歩でなくて何だろう。いや、人としての進歩以前に、生命としての正当な進化を彼らは達成している。それは万物の霊長にふさわしい進化だ。

私たちは外側の世界だけに目を向け、それを向上させることを進歩と考えてきた。しかし、こうした進歩を進歩と信じる社会は、たとえばテレビが生まれることで家庭的団欒《だんらん》がなくなり映像中毒になりその埋め合わせがどこかで必要になったり、車が増えることで空気が汚れ、交通事故が増え足腰が弱くなり、やはりその埋め合わせが必要になりといったように、より複雑化へ向かうばかりの社会となる。テレビがあり、車があるという、私たちのもつ人類の進歩の概念は、常にそうした複雑化へと向かう外側の発展がすべてであった。そしてそうした基準で、彼らのような文化を遅れた文化だと見下し、優越感に浸ってきた。そうしてうさぎとカメのうさぎのように、先に進むことを忘れ、忘れていることにさえ気づかずにいた。

彼らは、最も肝心な、人間という存在そのものの進歩の道を着実に歩み、私たちが遠く及ばないほどにそれを進歩させてきた。

真実は、彼らこそ我々よりもはるか先端を行く、進歩した人々なのだ。私はそう確信するようになった。

彼らがこうした進歩の道を確実に歩んで来られたのは、それ一つですべてを継承し、すべてを育《はぐく》むことのできる、あの超越的体験の文化が守られてきたからに違いない。

この村は、老子の言う「一」なる世界による、地球上で最も正当に進歩した社会と言えるだろう。

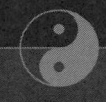

Laozi&TaoCode 13

開封されたタオ・コード

—— 老子が説く太古の性と宇宙への超意識が人類を救う！

「今、文明世界の人々は、老子の言う『一』なる世界から
最も遠ざかろうとしている。
……こうした不調和は、
ここ数十年の間にピークに達するであろう。
二千五百年の間、私たちが守り通したこの封印は、
解かれるべき時が来たと私は判断していたのだ。……」

世界には様々な民族があり、様々な文化がある。しかし、歴史を辿《たど》ってゆくと、ある時代から人類には共通の文化が姿を現す。学者たちによってアニミズムと名付けられた万物に神性を認識する文化である。

この人類普遍の文化の時代に広く行われていた信仰が性器信仰であるといわれている。信仰の場として、現代では神社や寺院があるが、ある時代以上に遡《さかのぼ》るとそれらは姿を消し、聖なる場の中心には男性器や女性器の像が置かれていた。物品としては性器を象った像でしかないが、しかし、彼らは、それを通してすべての中心である「性」そのものを畏敬したのである。

現代の宗教にとっては、性に意識を向け続けることは「煩悩《ぼんのう》」でしかない。だが、太古の時代には、同じそれが、神に最も近づく心と見なされていた。性を堕落への迷い道とみなす現代の諸宗教と、神への入り口として認識する世界普遍の太古の宇宙観との対照性は、何を物語っているのだろうか。

現代人は「性」を退ける一方で、その欲望を膨らませ、その欲望の捌《は》け口として欲望としての性文化を生み出した。表の世界では性を遠ざけ、性は裏の巨大な欲望文化として、人々を魔性のごとく誘惑する時代となった。

太古の彼らには、性の二面性はなかった。性は、彼らにとって、常に中心なる一点だった。人間の感性や豊かな心がそこから生まれるだけでなく、我々の知らない感覚の経路がそこから生まれることを彼らは知っていたのではないだろうか。

私はレオナルド・ダ・ヴィンチについては詳しくはないが、彼の「最後の晩餐」では、イエスの横に並ぶヨハネにみせかけてマグダラのマリアが描かれているとも言われているようである。一つの絵にみかけ上の内容と真の内容をだぶらせて描いたというその手法は、老子が老子書を書いたその方法とそっくりだ。

ダ・ヴィンチの「岩窟の聖母」などの絵では、まったく同じ構図の絵が二枚描かれているが、その内の一枚に暗号的に彼の思想的主張が描き込まれているとも言われている。

老子は、一つの文に、世の中の常識からみても何の問題のない内容と、世の一般常識からは受け入れ難い内容との両方を書き込んでいる。まったく同じ詩文が、一つは、彼の主張通りに、もう一つは、世間で受け入れられるためのカモフラージュとして、書かれている。

これは、ダ・ヴィンチがキリスト教社会に受け入れられる「岩窟の聖母」とそうでないそれとを描いてカモフラージュしたのと似ているが、さらに、そうした手法で描かれた思想内容そのものもよく似ている。

その共通点は、言うまでもなく「性」である。レオナルド・ダ・ヴィンチの生きた社会はキリスト教社会であった。世の中の人々は、教会の思想通りに物事を信じていた。それに対し、彼が絵画を通して主張した内容は、そうした既存の権威を崩壊させうる性質を含んでいた。性に否定的な価値観ゆえに、当時の教会では、あたかも性体験のないかのようなイエス像と、性体験なしに誕生したイエスを描く必要があった。

しかしダ・ヴィンチはその思想の愚かさを充分に見抜いていたのだろう。そしてそれを絵画という暗号を通して指摘しようとしたのだろう。

老子の場合も同じだ。彼の生きた社会は、儒教的思想が世の権威思想となりつつある中国社会であった。そうした中にあって、ダ・ヴィンチが、教会の権威によって自身の思想が抹殺されることがないよう、その思想を絵画の中に隠しながら世に浸透させたように、彼は、儒家の権威によって自身の思想が抹殺されることがないよう、その思想を詩文の中に隠した。レオナルド・ダ・ヴィンチが誕生するはるか二千年も前の時代に、老子は彼と同じ手法で後世へのメッセージを残したのである。

ダ・ヴィンチが主張したのは、性の是認であった。性を否定する社会にあって、性が決して神から人を引きはなすものではないことを自らの絵画に込めた。老子も同じだ。いや、彼の主張はより深い。彼の主張の中心は、性から目をそらすのではなく性を深くみつめ、さらにその何たるかを極めることによって人間性の回復をはかることだった。

ダ・ヴィンチと老子。彼らは、権威思想によって抹殺された人間の自然な姿とその美しさ、尊さを、しかるべき時に甦らせることができるよう、種を蒔いた先駆者だ。

その種を、彼らは世に知られることがないようにそっと蒔いたのだ。

悲しくも文明宗教においては、生命にとって最も尊いはずのこの性というものが、最も蔑《さげす》まされる対象と化してしまった。それを語ることはえげつないことだと見なされるほどに、性は蔑まされる存在となり果てた。

老子は、原始の性認識を文明社会に復活させようとした初めての思想家だ。文明社会の思想という思想は言葉によって成り立ち、文字はそれを絶対善として固定させてしまう。そんな中にあって、文字によらない性への原始宗教認識は、ことごとく悪として葬り去られた。この言葉によらない性の原始宗教認識をあえて文字という記号を介して復活させようとした人物、それが老子だ。

しかし、この事実は、今の今まで誰にも知られずに封印されてきた。彼はそれを文明社会の思想家たちに容易に見破られぬよう、見事な暗号で表記した。以後、彼の宇宙スケールの思想は、見事に封印されたまま、その封印を解く者が現れることなく二千五百年が経過したのだ。

万物が陰陽で成り立つように、人類の全体にも陰陽の原理は作用する。東洋で起こることは、西洋でも起こる。その逆もまた真理だ。

ダ・ヴィンチは、西洋の老子だ。老子は東洋のダ・ヴィンチだ。彼がそうであるように、老子の封印も、解かれるべき時が来たのかもしれない。

この旅が終わりに近づいたある日、M老人が私に、次のように語ったことが思い返される。


「今、文明世界の人々は、老子の言う『一』なる世界から最も遠ざかろうとしている。自然破壊も、国と国との争いも、そして人と人との争いも、すべてはその結果にすぎない。こうした不調和は、ここ数十年の間にピークに達するであろう。二千五百年の間、私たちが守り通したこの封印は、解かれるべき時が来たと私は判断していたのだ。あなたにその秘密を伝えたのもそのためだ。あなたは、私が選んだ人だ。この世界が不調和のピークに達した時、ぜひあなたの力で、この真実を人々に伝えてほしい。あなたの国に、そして世界に、広く伝えてほしい。そして、人間としての原点に気づくよう、真の調和の原理に気づくよう、人々を導いてあげてほしい。多くの嘲笑に出会うかもしれないが、世界には受け入れる準備のできた人々がたくさんいるはずだ」

Laozi&TaoCode 14

別れのとき

――生命と魂の歓喜、限りない至福に包まれながら

体がオープンであるのとまったく同様、
彼女たちは心も完全に人に対して開放されている。
そしてそうした彼女たちと一体感を
共有しているこの独特の感覚は、
何と表現したらよいのだろうか。
この幸福感を適切に表す言葉を私は見つけ出すことができない。

さて、このようにして、偶然な出会いから、老子書の秘儀を知ったのであるが、以後二十七年間、日本で多忙な日々を送っていた私はあの村を訪れていない。今もあの村の人たちは、あの人類にとっての貴重な文化を守り続けていると信じたい。最後に、あの旅を終えようとしていた頃の思い出を語って、私の体験レポートも終わりにしようと思う。

あの村の人たちは最初から私にやさしかったが、あの祭りでの体験以後、彼らと私とは完全な一体感で結ばれていた。旅が終わりつつあったある日、最初に出会ったメンラを含めた五人の少女たちが私を沐浴に誘ってくれたことがあった。

村から川まではわずかしかないが、細いのどかな道を歩いて私たちは川へ向かった。川へ着くと、彼女たちは衣服を脱ぎ、先に入って私に手招きをした。私も裸になって川に入った。水が心地よく冷たく、清らかに感じる。きれいな透き通った水の中を彼女たちはもぐったり泳いだりしながらはしゃぐ。私もいつのまにか一緒になって泳いだりはしゃいだりしていた。お互いに服を着ていないその姿が、心の世界を象徴しているかのように、私たちの間には壁というものがまったくなかった。

私はこの時、体以上に心の解放感に満たされている自分に気がついた。日本の社会では、誰もが心の中に他人に知られたくない何かがあるものだ。しかし、彼女たちにはそうしたものがおそらく皆無であるに違いない。体がオープンであるのとまったく同様、彼女たちは心も完全に人に対して開放されている。そしてそうした彼女たちと一体感を共有しているこの独特の感覚は、何と表現したらよいのだろうか。この幸福感を適切に表す言葉を私は見つけ出すことができない。

しばらくすると、彼女たちは歌を歌いはじめた。歌といっても、日本人が連想するような歌ではない。彼女たちのそれは、全身からほとばしり出る魂の響きのようなものだ。ゆったりとしたハミングのような声は、限りなく透き通って周囲に響き渡り、厳《おごそ》かでもあった。そのハミングのような響きに合わせて彼女たちはゆっくり、水を掬《すく》い上げるようにして両手を目線の上に掲げ、歌い続けるのである。水がなくなると、手のひらを自身に向けながら降ろし、水をまた掬い上げる。水の神様への感謝の祈りなのだと後で聞いたが、言葉で教えられる前から彼女たちの畏敬すべき対象に向かうつつましさがそれを示していた。しなやかな手の動きにつながって腰までのラインが流れるようにたおやかに動く。水に濡れた長い髪の艶やかな美しさ、大自然の中に響き渡る声、この世界の清らかさの限界を見ているようだった。

魂の美しさにかなうものはない。そう思わずにはいられない。私のこの感動は、単なる視覚から入る美しさだけでは起こり得ない感動だ。私は彼女たちの魂の純真さにふれているのだとわかった。

彼女たちは深い幸福感を知っているがゆえに、その喜びが体から自然ににじみ出る。それは同時に、自然界から与えられた喜びを自然界に返し、喜ばそうとする姿でもあった。実際に、彼女たちの舞によって、声によって、まわりの空気は、大自然は、輝くばかりに響き渡る。私たちはありがとうと言葉に表す感謝しか知らないが、人間本来の感謝の姿を私は彼女たちの姿に見たような気がした。

水は女性にとって最も大切な精霊であるという。それまで水を物質としてしか認識していなかった私自身を恥ずかしく感じた。

心地よく冷たいこの水たちとの一体感を私もたしかに感じていた。水はいきいきと生きていた。そういう水たちと私の肌が触れ合っていることが、妙なほど快感に感じられる。水だけではない。さわやかな風を運ぶこの私のまわりの空気たちもみんな休むことなく生きている。小鳥たちのさえずりも、ただの音ではなく、喜びを運ぶ歌として私の耳にとどいていた。遠方にゆったりと広がる山たちも、私の魂の姿のように感じられる。

無邪気な彼女たちの目と自然なアイコンタクトが起こる度に、この感覚は何倍にも増すかのような感触を覚える。年下でありながら、彼女たちの目に日本で出会った誰よりも大きな包容力のようなものを感じるのは、彼女たちのこの感覚が、私のそれよりももっと大きいからだろう。「やさしさ」と一言で言ってしまえば簡単だが、私は今まで知らなかった桁違《けたちが》いに大きな「やさしさ」に出会っているのだ。この彼女たちとの体を超えた交流に、私の魂は、求めるすべてが与えられたような満足感を感じていた。老子がなぜ「性」と「真実の生き方」を一つの言葉で表したのか。今の私にはその意味がよくわかる。

かなりの時が流れたように感じた。彼女たちの一人が川から砂浜に向かう。

一歩ずつ砂地を踏みながら歩くその水に濡れたすらりとした足は、私よりも健康的に日焼けして輝いている。裸で歩く彼女たちの小さな後ろ姿と広々とした川岸の風景が、またたまらなく懐かしく、いとおしく感じられた。

みんなで川岸に上がって落ちついた後、一番年下のメンラが来る時から肩にかけていた袋を私にくれた。恥ずかしそうな笑顔から、プレゼントだとわかった。開けてみると、彼女たちが心を込めて織ったであろう衣服と、彼女たちが着けているのと同じ木の葉でできた腰巻きだった。

彼女たちは水浴びの時には布の衣装よりもこの自然物のスカートで来ることが多い。濡れたまま身に着けても平気だからだ。

私との別れが近いことを知って、木の精に守られるよう祈りを込めてくれたのだろう。

私はそれを着けて、彼女たちと帰り道を歩いた。

考えてみれば、この村の人たちと同じ衣装を着たことはなく、これが初めてだった。同じ衣装であることが、私には不思議なほど喜ばしく感じられた。生まれて初めて、私は自然のままの人間に帰れた気がした。この村の仲間として認めてもらえた気がした。

ただ同じ道を同じスタイルで歩いているというそれだけで、私は限りない至福に包まれていた。

老子書の秘儀

（M老人秘伝による「老子」全訳）

老子書は、本来、ひとつの文が陰陽二つの意味に解されるように書かれている。

陰（裏の意）と陽（表の意）を合わせて、老子の言わんとする真意は語られるのである。

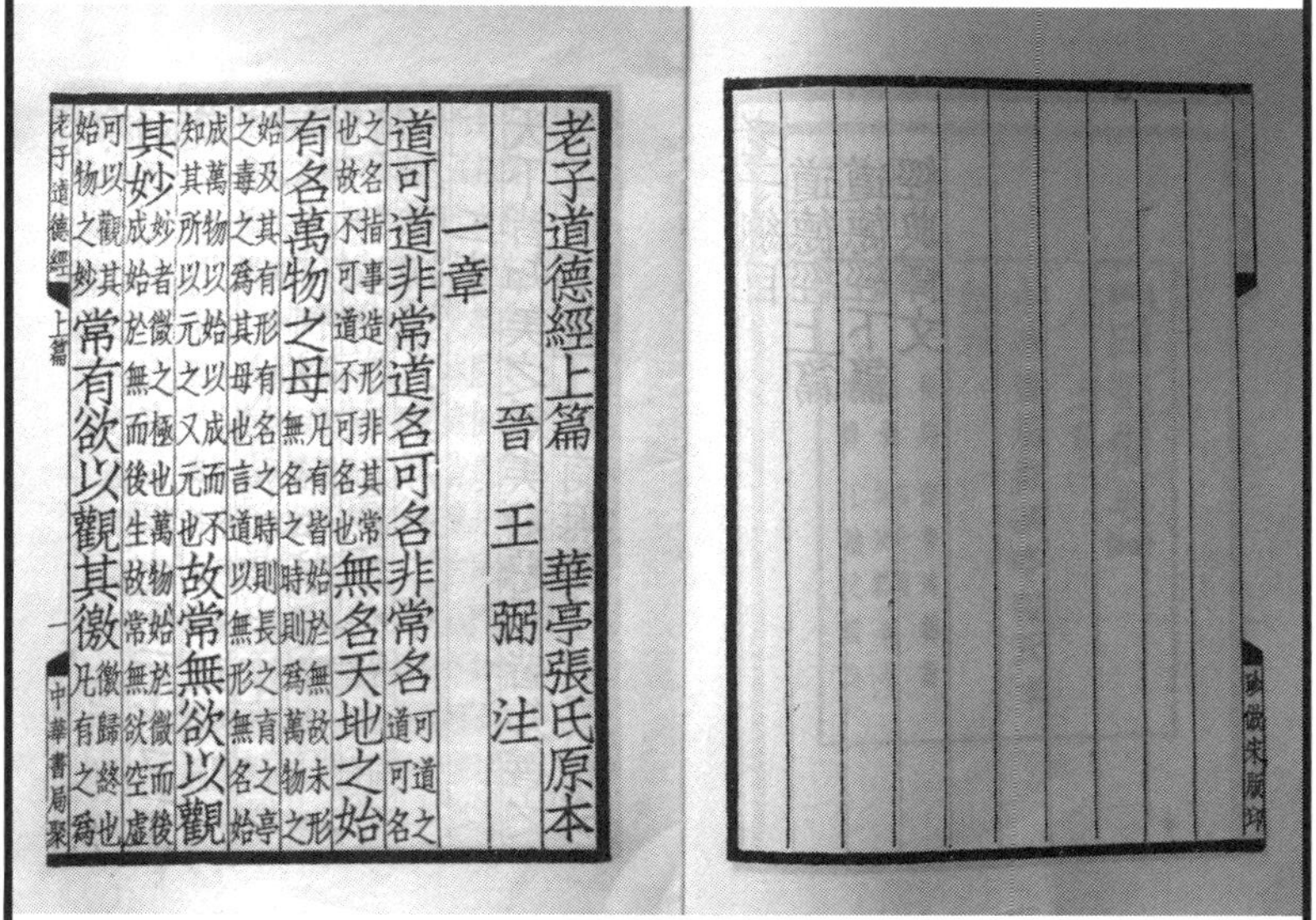

老子書
　太古の失われた性宇宙観の稀有なる継承者であった老子は、性なるものの中に人間を観、宇宙を観た。だが、この事実はまったく知られていない。なぜなら、彼はそのすべてを暗号によって記述したからである。

一、究極のＴａｏ

道可道非常道、名可名非常名。
無名天地之始、有名萬物之母。
故常無欲以觀其妙、常有欲以觀其徼。
此兩者、同出而異名。
同謂之玄、玄之叉玄、衆妙之門。
（一章）

道の道とす可《べ》きは常《つね》の道に非《あら》ず、名の名とす可きは常の名に非ず。
無名は、天地の始めなり、有名は、万物の母なり。
故《ゆえ》に常に無欲にして以て其の妙を観《み》、常に有欲にして以て其の徼《きょう》を観る。
此《こ》の両者は、同じ出にして名、異にす。
同じく之を玄と謂《い》うも、玄の叉《ま》た玄は、衆妙の門。

（Ｍ老人秘伝による「老子」全訳）

【裏の意】

私は今から性の秘密について語ろう。
かといって、
あなた方がよく行う、うつろいゆくセックスについて語りたいわけではない。
究極の性とは、この宇宙を生み出した、名前すらない本質だ。
あなた方の知るセックスは、その本質の擬似的表れにすぎない。
だから、情欲的次元を超えて、性なるものの本質を観るんだ。
あなた方が知る粗野な性の悦びを超えた、
はるかなる至福世界がその奥にはあるのだよ。
あなた方はその一時のセックスにさえ不思議なほどの魅力を感じるというのに、
そこに秘められた、その何倍もの深遠世界に、どうして気づこうとしないのか。
それこそが究極の性、すなわち、森羅万象を抜き超えた真の至福の領域なのだ。
(私はその究極の愛へと至る道をこれから語ろう)

【表の意】

これが道だと言葉で表わせる道は、絶対なる道ではない。
この宇宙は、名などない働きから生じたのだよ。
しかし、一つ一つの存在は、
その働きから生じた名付けられた働きが生み出した。
だから、無欲になればその不思議な働きがみえてくる。
欲がある限り、対立する表面界しかみえないのだ。
この名のある領域も名のない領域も、
同じ源から出ているが、名があるかないかが違っている。
この奥深い働きの最も奥にある働きが万物を生み出すのだ。

【表裏の意】

これが真実なる道だと言葉で語られるような道は、
決して不変なる絶対真理ではない。
真に不変なるそれは、
そんな言葉の先で理解できるようなものではないのだよ。
だが、そんな真なる道を誰もが垣間見る瞬間がある。
それは頭の先の世界とは正反対に位置する、性の体感だ。
だが、これもまた、真なるタオの雛形にすぎない。
あなた方の知るタオ（性行為とそれに伴うエクスタシー）は、
真なるタオの模倣的表れにすぎないのだよ。
その奥の奥に隠された不変なる宇宙の働き、それが真のタオだ。
それこそがすべてを超えた究極のタオなのだ。

二、すべての導き手

孔徳之容、惟道是從。
道之爲物、惟恍惟惚。
惚兮恍兮、其中有象。
恍兮惚兮、其中有物。
窈兮冥兮、其中有精。
其精甚眞、其中有信。
自古及今、其名不去。以閲衆甫。
吾何以知衆甫之状哉。以此。(二十一章)

孔徳《こうとく》の容《よう》、惟《こ》れ道に是《こ》れ従う。道の物を為す、惟れ恍《こう》、惟れ惚《こつ》。
惚たり恍たり、其の中に象有り。惚たり恍たり、其の中に物有り。
窈《よう》たり冥《めい》たり、其の中に精有り。其の精甚《はなは》だ真なり、其の中に信有り。
古より今に及ぶまで、其の名去らず、以て衆甫《しゅうほ》を閲《す》ぶ。

吾れ何を以て衆甫《しゅうほ》の状を知るや、此れを以てす。

【裏の意】

女性器（徳）の穴（孔《あな》）の容《うつわ》は、男性器（道）のつき方に従う。
男性器がつく時には恍惚《エクスタシー》となってすべてをまかせる。
精子（精）を放出すれば、
ただただ恍惚としてそれを受け入れる。
恍惚の中でこそ、
深く神秘なその穴（窈兮冥兮）の中に、精液は放出されるのだ。
欺き得ない確かな創造を為す、
この性なる現象の奥に、私は至高なる真実をみる。
時代なるものを抜き超えた、不変なる天の本質がそこにはあり、
それはすべてを統治する力でもある。
なぜ私にすべての諸法則がわかるのかといえば、
それは、この性なる働きの奥にすべてを観るからだ。

【表の意】

大いなる徳のある人の容《すがた》は、ただ道にのみ従っている。
道はとらえ難くおぼろげ（惟恍惟惚）な次元から形ある世界を生み出す。
その大いなる深みの中（窈兮冥兮）でこそ霊妙な働き（精）が生ずるのだ。
その精気はこの上なく真実で、
その中にこそ、確かさというものがある。
昔から今に至るまで、その名が失われることがない。
それはすべてを統括する長老のような存在だ。
すべての諸法則が、なぜ私にわかるのかといえば、
それは、これ（道の働き）によってである。

【表裏の意】

真に徳ある人といえるのは、道《Tao》にすべてを明け渡した人のみだ。
彼は、まるで男性にすべてを明け渡した女性のようだ。
女性が恍惚とした快感の中で精子を植え込まれるように、
大いなる至福の中にある人は、
宇宙の本質英知（精）に揺り動かされ、
その喜びに震撼する。
かすかな精子が、誤ることなく人体を築くがごとく、
見えざる精は、
すべてをあるべきところにあるべきように導く。
この精こそ、すべての現象を抜き超えた永遠不変の本質だ。
私になぜすべての諸法則がわかるのかといえば、
それは、
性なる精を超えた、
この聖なる精によってである。

三、天地合一

天門開闔、能爲雌乎。
明白四達、能無知乎。
生之畜之、生而不有。
爲而不恃、長而不宰。
是謂玄德。
（十章）

天門開闔《かいこう》して、能《よ》く雌と為らんか。
明白にして四達し、能《よ》く無知ならんか。
之を生じ之を畜《やしな》い、生じて有せず。
為して恃《たの》まず、長じて宰せず。
是れを玄徳と謂う。

【裏の意】

性器を開いたり閉じたりして
エクスタシーに達している女性を観てごらん。
彼女は体全身で至福に満たされ、
四方八方の世界と一つになり、
すべてを感得しながらも、
何のとらわれもない存在となっている。
命はこんな中から生まれるのだ。
天地と一つである彼女は、
そんな我が子を心を込めて育みはしても、自分のものとはしない。
何をしても自分の手柄にはせず、人から慕われてもいばりはしない。
こうした女性のような姿こそが神秘なる女性、すなわち、「玄徳」なのだ。

【表の意味】

天門（＝天からの導きを得る目に見えない門）を
開閉できる女性（原始のシャーマン的女性）のようになるんだ。
意識を覚醒し、
何でもよくわかりながら、無知者のようになるんだ。
そうした人は、産んだり育てたりしても、
子供を自分のものとは思わない。
よいことを行っても、自分の手柄にはしない。
人の上に立っても支配しようとしない。
これを私は「玄徳」、すなわち、
玄深《おく》い「道を得た存在」というのだよ。

（M老人秘伝による「老子」全訳）

【表裏の意味】

天につながる境地は、抱かれた女性に限りなく近い。
だから抱かれた女性のように意識を解放するのだ。
そうなれば、すべてを感得する、知識など必要のない次元へと至るのだよ。
そんな聖性へと至った者は、すべてを私心なく育み育てる。
たとえわが子であっても、我が子をも自分のものとは思わない。
(だから、天につながる心の広い子が育つのだ)
どんなすばらしいことをやっても、
すべては天の導きであることを知り、自慢しようとなどしない。
(だから、謙虚に調和し愛されるのだ)
人の上に立つことがあっても、他人を支配しようとなどしない。
(だから、人々に真の幸せを与えるのだ)
私が言う「玄徳」とは、女性が男性に身を委ねるように、
天にすべてを委ねた至福の次元なのだ。

四、形なき性

反者道之動、
弱者道之用。
天下萬物生於有、
有生於無。
（四十章）

反は道の動、
弱は道の用。
天下の万物は有より生じ、
有は無より生ず。

【裏の意】

（万物は）
かたくそり返った男性器のような
能動的な働き（陽）と、
それを受け用《い》れる柔弱な女性器のような
受容的な働き（陰）との、
相反する相互作用によって生成する

人間や生命に限らず、
この世界の万物はすべて、こうした
相互作用（物体を生み出す物体の働き）によって生じたのだよ。

そして、こうした相互作用を生じさせた本質こそ、
相対性超えた形なき《グレートタオ》働きなのだ。

【表の意】

根源に返ろうとすること、
それが道のもつ性質だ。
その働きは柔弱を象徴としている。
（それゆえ、真の道へと返るとき、
人はそれをたよりなく感じるかもしれない）
すべては、「有」より生じたのであるが、
その「有」は、（最もたよりない）「無」より生じたのだ。
（その「無」なるものと一つになることが道なのだよ）

【表裏の意】

固く能動的な男性器と
柔らかく受容的な女性器による性交のように
すべての存在は相対する陰陽の作用で生じる。
この万象の根源なる相対作用（有）を成り立たせるものこそ、
存在を超えた聖性《ちから》だ。
この聖性との合一は、人を根源へと返らせる。
何者とも争うことのない存在を超えた次元へと導くのだ。

五、性《エクスタシー》から聖《ユニオン》へ

塞其兌、閉其門、終身不勤。
開其兌、済其事、終身不救。
見小曰明、守柔曰強。
用其光、復帰其明、無遺身殃。
是謂習常。
（五十二章）

其《そ》の兌《あな》を塞《ふさ》ぎ、其の門を閉ざせば、身を終うるまで勤《つか》れず。
其の兌を開き、其の事を済《すま》せば、身を終うるまで救われず。
小を見るを明と曰い、柔を守るを強と曰う。
其の光を用いて其の明に復帰すれば、身の殃《わざわい》を遺《のこ》す無し。
是れを習常と謂う。

【裏の意】

性を営む穴を閉じたままで、
それを求めなくても充分な次元へと到れば、
人は、苦悩のない世界を知るのだよ。
その穴を開いて肉体的性の快感を求めるだけの者は、
真に至福なる大愛世界を知らずに終わる。
現象の背後にあるかすかな交合次元《Tao》を見ることのできる目、
それが、明（覚醒された心）であり、
そうした交合次元《Tao》に生きることのできる魂の柔軟性、
これが本当の強（破れることのない絶対的な強さ）というものだ。
Ｔａｏの光によって、ひとたびこの次元に帰れば、
人は誰でも傷付くことのない世界に生きられる。
これが、私のいう「習常」なのだよ。

【表の意】

人は五感の穴（目や耳）を開けて、外の刺激ばかり求めていたらいけない。
そんな生き方は自分というものを失ってしまうものなのだよ。
それを閉じれば疲れることもない。
外の世界ではない、内なるかすかな世界を見るのだ。
そして、やわらかな大愛世界を知るのだ。
そうすれば、あなたは本当の意味で強くなれる。
内なる世界の光を感知し、その中に入ってゆけば、心が傷付くこともなくなるのだよ。
そんな生き方を「習常」というのだ。

【表裏の意味】

性を営む穴を閉じてごらん。
あらゆる欲を求めなくても平気な次元へと到ってごらん。
そこには、いつまでも身を滅ぼすことのない自由な世界があるのだよ。
世の人々は、まるで欲望の奴隷だ。
真の大愛を知らないから、一時しのぎの愛を求めるしかなくなるのだ。
観るがいい、この宇宙の背後に働く交合次元を！
帰復するがいい、変化自在なる絶対の次元へ！
この絶対次元からの光は、
何ものからも裏切られることのない真実へと人を導く。
これが私のいう「習常」（永遠不変の世界に入ること）なのだ。

首長族の少女たち

沐浴をする首長族の少女たち

追記（2011年4月11日）

現在の私とあの村

私は現在、「わの舞」という踊りの会を主催している。あの村での踊り体験に近い体験が日本でもできたらという思いからである。

この会を行うまでは、多くの日本人男性と同じように、私も時間に追われ、個人的な時間がほとんどない生活をしていた。実際、この短い本を書くのにも、何年もの年月が必要だった。そんな中にあっても、私は、わずかでもまとまった休みがとれる時には、未開社会を訪れる旅行を最優先に試みてきた。あのような村が特殊（異例）なのか、私たちの文明社会が特殊なのかを、私は無意識に確かめようとしていたのかもしれない。

私たちは働かなければ人間は生きていけないものと思い込んでいるが、これは私たちの文明社会がそうなのであって、私たちは元々、働くための存在ではなかったことが、未開の人々と接すると確信できる。もう、地球上に、そんな地域はごくわずかしか残されてはいないが、それは確かな事実である。私は、本書の読者からも、生産活動がなくて成り立つ社会などありえないという感想をいただいたことがあるが、これこそ、文明人の先入観なのである。ジャングルに行けばあり余る食べ物があり、食糧や薬草となるものにあふれた社会の人々は、食べるために働くという概念が存在しない。だから、あり余るほどの時間を、彼らは様々な冒険につかい、楽しみのためにつかう。これは、あの村だけが特別なわけではなく、むしろ、豊かな自然に恵まれた人類の多くが一般的にそうだったのである。薬草の知識や生活の知恵が、我々文明人の想像をはるかに上回るものがあることも、ほとんどの未開社会に共通している。彼らといると、自給自足がいかに効率の良い社会であるかがわかってくるが、彼らにとっては、それは、自給ではなく、『天給』なのである。

（2011年4月11日）

東日本大震災は何を語っているのか？

東日本大震災の起きた翌日も、私は、ミクロネシア最後の未開文化の島と言われるある島にいた。やしの葉でできた小さな家々に住む、アニミズムが今もそのままに生きている島。幅一メートルもない手作りのカヌーで、はるかな遠洋に楽しみのためにでかけ、島の人々とは、精霊に頼んで雷を落とし、その落とす位置で交信をするという、おとぎ話のような世界。そんな世界にいて、現代の科学の最高水準の結晶とも言うべき原子力発電所の、あまりにあっけない崩壊のうわさを耳にした。この、おとぎの国のような平安に満ちたゆったりとした世界と、緊張と恐怖に覆われているであろう日本。実に対照的な二つの世界を、私の意識は行ったり来たりしていた。

私は今まで、何か重要なことの開始点に地震などの自然の変化が起こるということが、個人的にずっと続いてきた。今回もそうで、私が久しぶりに海外に行くから、きっと何かが起こるだろうと、私と行動を共にしたことのある身近な人たちがうわさしていたほどだった(もちろん、私が何かをするからではなく、人間も自然の一部であるがゆえの当然な流れと私は思っている)。

それにしても、この歴史的地震とともにこの島に来るというこのタイミングは、私に何を語ろうとしているのだろうか?

この平和な島にいると、日本での出来事がウソのように感じられる。ヤシの葉と、自然のままの木だけで作られた簡素な家、自然界の微細な変化で天候を完璧なまでに読みとる彼らの知恵と感性、この彼ら本来の文化のままであれば、あの規模の地震がここで起きたとしても、被害を受ける人は、おそらく一人もいないだろう。日本の惨事を思うと、私たちが未開社会より勝っていると思っているまさにその思いこそが、いかに根底で愚かなものであるかを思わずにはいられなかった。

このタイミングが私に語るのは、原始と文明の、この対比にあるように思われた。

祖先から受け継がれる叡智を尊び、その叡智によって自然界と調和的な生き方を保ってきた彼らと比べ、私たちは本当に人間らしい叡智を子孫に伝えているのだろうか。子孫を幸せにできる叡智を伝えてきたのであろうか。私たちの教えの中枢とも言える文部科学省から全国の学校に配布される教育用の本には、日本の原子力発電所は津波によって崩壊することのないように設計されており、しかも予想可能な最大の津波よりもかなりの余裕をもって作られているから安心であると、はっきりと記され、子供たちに原発の安全性を教えるよう、先生方が指導されてきた事実を私は知っていた。島の若者から尊敬されている長老格の人々を見ながら、こんなことを易々と教えている日本の私たち大人を、子供たちが心から尊敬できないのは当然かもしれないと思われてならなかった。日本はこの震災の有様を、津波による「被害」と報道しているけれども、彼らの世界にいると、実質は、加害者は人間側であることを認めざるをえなくなる。あふれすぎた物や知識の洪水に私たちは呑まれてしまったのではないだろうか。原発の放射能漏れは、人間だけでなく、数え切れないほどの生命を傷付けることになることは必至である。私たちは、他の生命や自然界に対しても、加害者である。自然世界と融合する人々は、どんな変動が起きようとも、加害者とはならず、そうして、自然と融合するその力によって自らの身も守られることにな

（2011年4月11日）

る。人類の原点的な叡智と、文明社会のいたずらな科学知識の差異、その大きさを、人類の原点を教えてくれる島の精霊たちは、私に訴えてきた。何と安心できる世界に、今、自分はいるのだろう、この幸せな島にこのままとどまりたいと、そんな思いにもなった。

津波さえも恩恵であった私たちのあり方

そんな思いにあった時、私は、かつては日本にもあったに違いない叡智を思い出した。海で育った私は、明治生まれの祖母から、津波の時には海に向かって走ったのだという話を聞いていた。津波を怖いと思っている都会人は、「えっ？」と思うかもしれないが、それには理由がある。津波の時には岩場に魚たちが取り残されるため、それをとりに海に走る生活の知恵である。そして波が押し寄せてくるころあいを見計らって山に向かって走るのである。津波が来るとわかると、村人たちは声をかけあって海に走り、年配者のリードで海から退散する。津波を災害ととる現代感覚と、恩恵ととる文化の違いは大きい。

その思い出を、まるでジェットコースターから降りたばかりの小学生のように楽しげに、祖母は私に教えてくれた。昔の人々がいかに余裕で自然の変化に対していたか、私は、祖母の話を聞きながら実感していた。小学校から学校に時間をとられて育った現代の私たちは、そんな祖先からの知恵を受け継ぐ暇などないままに大人になった。だが、私たちもかつては祖先伝来の「叡智」によって、自然を恐れる必要がないほど仲良く暮らしていたのだという事実を忘れたくない。現代人が恐怖の対象としか思っていない津波さえも、自然界からの恩恵以外の何ものでもなかった社会が、ごく近年まで日本にも実在していたのである。同じ津波という一つの自然現象によって、何十年、あるいはそれ以上にわたって生命を蝕ませてしまう現代の文明と比べ、どちらが真に賢い人間のあり方だろうか。

「津波は怖くなかったの？」と私が聞くと、祖母は「今の子は何もわかっていない」と言いたげなやさしい目で私をみつめた。山の中で怪我をしても、どこで何があっても、祖母は目の前にある自然物で私を守り、治癒させる方法を知っていた。そんな祖母といると、私は大きな安心感に包まれていた。大自然を体で把握した者のもつ、今の人たちにはない独特の包容力と賢さがあった。

もしも今回の津波で崩壊した町の人たちが、学校の勉強のかわりに、年配者に伝わっていたはずのこうした叡智に学んでいたら、多くの命が助かったに違いないと思わずにはいられない。この場所に住居を建ててはいけないという昔からの言い伝えを破り、堤防という科学神話を信じたばかりに至ったあの状況は、原子力のそれともだぶっている。

おとぎの国から日本に帰り、海には放射性物質が大量に流れ出て、空からは雨となって

（2011年4月11日）

大地に降り、日本の水が汚染されていく現実に私は直面した。日本を離れる前と後とでは、日本の空気感はまるで異なっていた。

日本は、世界でも有数の水のきれいな島である。その水の純粋さゆえに、長い歴史を通して様々な文化が築かれてきた。日本人の長寿も、水と関係が深いと言われている。この、何千年、何万年にもわたるかもしれない私たちがいただいてきた恩恵を、この私たちの代でやすやすと汚しだいなしにしてしまったという事実。この事実を誰がどう受け止めるべきなのだろうか。中国のあの村の人たちも、水の精霊を最も畏敬する人々であった。彼女たちがもしも日本に住む人々であったとしたら、こんな事態を招いただろうか。水の精を汚すかもしれない未来を、彼女たちが知っていたとしたならば決して許容することはなかっただろう。そう思うと、この事態は、日本人すべての責任と受け止めるべき気がする。

「知足」とは何か?

私たちの考え方や生き方や世界観がいかに誤っているかを、私たちは本気で反省しなくてはならない。

私たちは、何が誤っていたのだろう。彼らと比べれば、日本には物はたくさんある。しかし、物では補うことのできない肝心なものを私たちは欠如させてしまったように思われる。彼らと比べ、私たちは、まず豊かな時間を失っている。単に時間の長さの問題ではなく、M老人に漂う、あの時の流れがそうであったように、自然界につながり、天につながる独特の時間のリズムというものがある。時には次元があるのだ。そうした天来の豊かな時の次元を失っている。それゆえに、私たちは豊かな空間次元をも失っている。彼らの中にいると、文明社会とは異なる空間に彼らが存在しているのがわかる。原始まで遡らなくても、祖母といるだけで私は異なる空間を感じていた。天来の空間次元に包まれているという、それだけで人間は至福なのだ。ただそこにいるだけで、快と感じるのだ。幸福度が高ければ、人は欲には走らない。老子の言う「知足（足るを知る）」は、単なる心のもち様の問題ではないことが、彼らに接してわかるのである。それは明らかな次元の問題なのだ。

私たちは、慌しく変化する緊張の世界しか知らない。ただいるだけで豊かに満たされる世界と、いるだけで緊張が生じ、欠乏感が生ずる世界。この違いは大きい。満たされない心は、必ず欲望を生む。そして欲望は、そうしようとしなくても、必ず何かを傷付けるのだ。

「知足」とは、「足」を「知る」と書くが、足とは、人間にとっての母なる大地につなが

（2011年4月11日）

る部位である。私たちが真に「知足」へと至るには、大地につながり、宇宙につながり、私たちの原点につながる必要があるということではないだろうか。

空間を操る叡智

宇宙は、時間と空間により、成り立っている。存在の基底にある、この、たった一つからすべてはスタートしている。人間も、それとどうつながるかで決まる。この原点とのつながりの如何によって、私たちは変わり、私たちの社会も、変わるのではないか。未開の人々のあの空間次元に接すると、そんな確信を与えられる。

では、どうしたらその存在の原点である空間につながり、空間を操ることができるのだろうか？

私が彼らから学ぶことのできた最大のものは、それであった気がする。

私たちが忘れているものは、体である。彼らと接して真っ先に感じられることは、体で生きているということだ。私たちのように頭で生きてはいないのだ。彼らは、体というまるごとの人間によって空間が変わることを知っている。ことに彼らが踊る時、空間は最大に躍動を始め、空間次元が変わる瞬間を見るのである。

私は、人間である以上、どこにいても、どんな人たちであろうとそれができるはずだと思い、試みてきた。そして、彼らほどではないかもしれないが、それができることがわかってきた。私の講習には、いろんな人たちが集まってくる。会社に勤める人たちが、会社の緊張を背負ったままやってくる。人間関係に傷付いている人も、その傷をかかえたままでやってくる。だから、最初は、他の文明社会の集まりと変わりはない。踊り始め、踊りが一定水準に達すると、空間が変化を始める一瞬がやってくる。そしてこの瞬間を超えると、初めて参加された方でも不思議ななつかしさを感じるのである。

人類には個人の記憶を超えた、誰もが共有にもつ、人類としての共有記憶のようなものがある。この記憶にふれる時、私たちは自分の記憶では説明のつかない懐かしさを感じる。この記憶につながる時、私たち人間は、同じ原点への共感で一つにつながり合うことができる。だから、懐かしいと感じることは、一つであることを感じることでもある。そして大事なことは、この種の懐かしさは、何かの物によって感じるのではないということだ。

その記憶を蘇らせるものは、空間なのである。空間には、すべての記憶が刻まれており、無限の深さがある。にもかかわらず、文明人は、その深みの扉を開くことなく表面の物理空間にしか接していない。この深みへの扉を開くものこそ、古代人にとっての体であり、全身で発動させる舞であった。皆で舞う舞いのエネルギーが一定水準を超える時、空間が

（2011年4月11日）

変わり、空間に深みが生まれる。そしてそれを経験したことのない文明人でさえも、その扉の向こうを少しずつ感じ始める。その感覚が、なぜかわからないが無性に懐かしい空間にいるという、その感覚である。セラピーなど受けたわけではないのに何かに癒されたと感じる、その感覚でもある。そこでは、確かで確実な癒しが起こる。原点が、すべてを大元の状態にリセットしてくれるからだろう。共有記憶は人類の最大の財産であると私は思う。そこには、人類にとって必要な本質を満たす働きがある。文明人が失い、彼らが失っていない最大のものは、この、時を超える共有の記憶に生きることであり、その空間次元への扉の開き方であると思う。

私は、日本人ではない彼らが、日本人よりもはるかに懐かしく感じられることが不思議でならなかったが、これも、彼らが共有記憶という原点に常につながっているからだろう。私たちは、一人一人がすべて異なる体験をもって育ち、異なる認識で物事をとらえ、異なる感じ方で物事をとらえている。この、固有の意識のみで生きていたとしたら、すれちがいが生じない方がおかしい。お互いがお互いを共感できるはずはない。このばらばらの状態のままで、文明人は、調和が大切だ、愛が大事だと、力んだ努力を払おうとしている。本当に大切なのは、そんなものではないと私は思う。彼らは、愛なんてことは一言も語ろうとはしない。だが、私たちが夢想するところのその愛の中に彼らは生活している。それを彼らは体で把握するのである。誰にも共通に内在する人類普遍の記憶へとつながる時、私たちは、深い深い他者との結び付きを実感する。彼らは、遠い遠い昔の祖先たちが踊ったその踊りを全身で踊ることにより、彼らと同じ空間に出会い、彼らに出会う。それは生きた記憶であり、祖先と共に舞うとは、そういうことなのである。そしてさらには、村の祖先を超え、人類としての共有の祖先たちと舞い、存在と舞い、宇宙と舞う。人類にとっての原点的な空間を形成できるがゆえに、人類普遍の共有空間への扉を開く。

中心軸

今、様々な方々が愛を語っているが、そうした心のみの愛によって、本当にこの文明のひずみは超えられるだろうか。もしも超えられるのであるならば、すでに私たちは超えているはずだ。二千年もの間、キリスト教では愛が語られ、儒教でも仁が語られ、仏教でも慈悲が語られ続けてきた。それらの理想が本当はどうしたら達成できるのかを私たちは知らない。しかし、それをどうしても知らなければならないところにまで今、来ているのではないだろうか。

夢想は夢想にしか終わらない。具体的な変革を、まず自身という中心点から起こさなく

（2011年4月11日）

ては、私たちは、前には進めない。愛は考えるものではない。思考や感情の愛は、風が吹けばとんでしまうような、うつろいやすい表面上のものでしかない。

日本では「立ち居振る舞い」という言葉が今もつかわれている。「振る」とは、古代日本人にとって、空間を変容させる行為を意味していた。空間が変容すれば存在が変容し、人間の幸不幸も変わることを知っていたのである。そしてそれが同時に真の「舞い」でもあったことを、この言葉は証している。存在は、空間に影響を与える。すべての存在の中でも、私たち人間は、空間を操る最大の力が与えられている。その力によって、空間という本質は、よくも悪くも変化する。空間が変わるとは、世界が変わるということだ。

人類にとって空間を操ることがどんなに重要かを文明人は知らない。いかにして空間を操ることができるのかを、文明人は忘れ去っている。空間を把握できない人間は、愛の把握もできない。

では、空間は何によって把握され、何によって変わるのか。

空間は、存在の原点（中心）によって把握され、原点から発信される力によって変わるのだ。すべての存在には中心があり、その中心は、宇宙の中心につながっている。中心の力は本来、すべてを創造し、調和させる無限なる力である。人体におけるそれを、M老人はタオの幹と言っている。私は今、それを中心軸と言っている。

ちょうど昨日、わの舞に参加された、様々なファッション誌の写真を担当するフォトグラファーのＴＫさんが、参加された動機をこう語ってくれた。

「写真には空間が写ります。どんな写真であるかは、写真には写るはずのない空間によって決まります。だから、空間を把握できなければ、よい写真は撮ることができません。私は空間を把握する手がかりが、わの舞にありそうだったから参加させていただきました」

一つを極めたプロだけあって、まさに本質をつく認識であることに驚いた。昔から日本では、人間を磨く一番の道が芸にあると考えられ、一芸は諸芸に通ずると言われてきた。この考えの根本には、「ふるまい」の精神が生きている。空間を操る力を失ったかにみえる我々現代人であるが、その力は、本当に消え去ったわけでは決してない。私たちには、日本人としての遺伝子の中に、あるいは人類としての遺伝子の中に、その力がしっかりと記憶されているはずだ。

存在の本質につながりあった人間社会のあり方と、存在の本質から離れ、個々ばらばらに行動し、摩擦を生み出す社会、その違いを、私はこの震災によってもう一度考えさせられた。

宇宙は一つのセンターを中心に回転を続ける。原子も、太陽系もそうだ。回転していないコマには、中心は存在しない。回転すると同時に、コマを形成する分子群は中心軸に引

（2011年4月11日）

き寄せられ、見えない力で中心につながることで、コマは一つの統一した自立存在となる。これは、真の自立と統合（愛）は本来一つの事象であることを意味している。

聖なる中心につながる彼らの踊りがそれを象徴するように、私たちは、存在の本質にもう一度つながるべき時にある。それが達成できなければ、文明はますます危険度を増すだろう。

それには、存在ごと、体ごと、中心につながるしかないのである。

千賀一生　ちが かずき

舞踊芸術家。文筆家。

教育、舞踊、建築、歴史など、多様な分野で活動を展開。

統一空間体の学び舎『わの舞』を主催。

2013年以降、その核心である空間体の形成法を伝え始め、今日に至っている。通常の知識的学びでは達成できない新しい時代の自己変革を提供している。

主な著作に『0フォース』『ガイアの法則』『タオの暗号』『タオの法則』などがある。

わの舞　https://chiga.jimdofree.com/

講演録、音声録など　https://note.com/wanomai/

メルマガ宇宙法則メッセージ　https://taocode.jimdofree.com/

YouTube　https://www.youtube.com/user/wanomai1

本作品は、2011年8月、ヒカルランドから刊行された

『タオの暗号』の新装版です。

新装版 タオの暗号

性パワーの扉を開いてタオの宇宙へ

第一刷 2018年6月30日
第二刷 2023年6月30日

著者 千賀一生

発行人 石井健資
発行所 株式会社ヒカルランド
〒162-0821 東京都新宿区津久戸町3-11 TH1ビル6F
電話 03-6265-0852 ファックス 03-6265-0853
http://www.hikaruland.co.jp info@hikaruland.co.jp
振替 00180-8-496587

本文・カバー・製本 中央精版印刷株式会社
DTP 株式会社キャップス
編集担当 溝口立太

ISBN978-4-86471-625-3

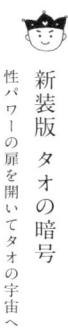

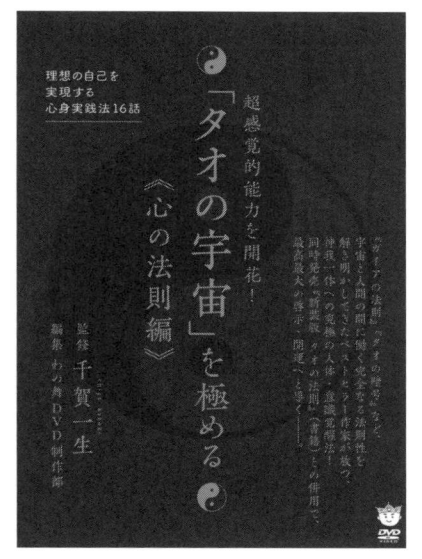

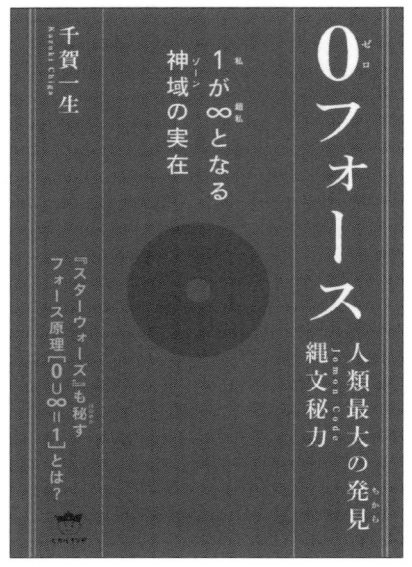

自然の中にいるような心地よさと開放感が
あなたにキセキを起こします

元氣屋イッテルの1階は、自然の生命活性エネルギーと肉体との交流を目的に創られた、奇跡の杉の空間です。私たちの生活の周りには多くの木材が使われていますが、そのどれもが高温乾燥・薬剤塗布により微生物がいなくなった、本来もっているはずの薬効を封じられているものばかりです。元氣屋イッテルの床、壁などの内装に使用しているのは、すべて45℃のほどよい環境でやさしくじっくり乾燥させた日本の杉材。しかもこの乾燥室さえも木材で作られた特別なものです。水分だけがなくなった杉材の中では、微生物や酵素が生きています。さらに、室内の冷暖房には従来のエアコンとはまったく異なるコンセプトで作られた特製の光冷暖房機を採用しています。この光冷暖は部屋全体に施された漆喰との共鳴反応によって、自然そのもののような心地よさを再現。森林浴をしているような開放感に包まれます。

みらくるな変化を起こす施術やイベントが
自由なあなたへと解放します

ヒカルランドで出版された著者の先生方やご縁のあった先生方のセッションが受けられる、お話が聞けるイベントを不定期開催しています。カラダとココロ、そして魂と向き合い、解放される、かけがえのない時間です。詳細はホームページ、またはメールマガジン、SNSなどでお知らせします。

神楽坂
ヒカルランド
みらくる
Shopping & Healing

元氣屋イッテル（神楽坂ヒカルランド　みらくる：癒しと健康）
〒162-0805　東京都新宿区矢来町111番地
地下鉄東西線神楽坂駅２番出口より徒歩２分
TEL：03-5579-8948　メール：info@hikarulandmarket.com
不定休（営業日はホームページをご確認ください）
営業時間11：00～18：00（イベント開催時など、営業時間が変更になる場合があります。）
※ Healingメニューは予約制。事前のお申込みが必要となります。
ホームページ：https://kagurazakamiracle.com/

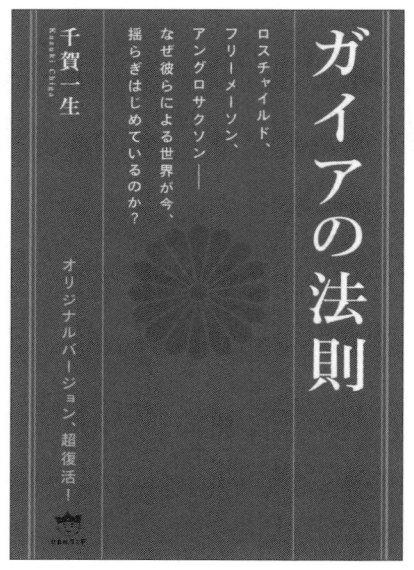

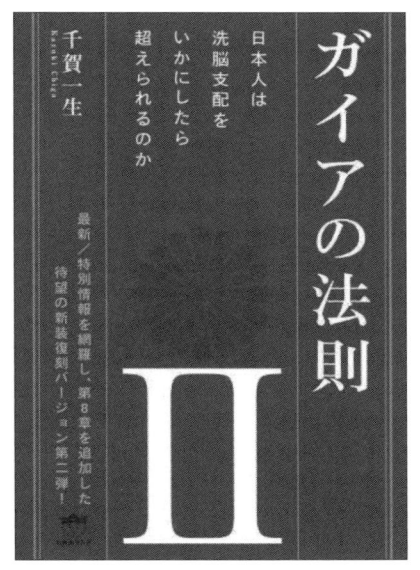

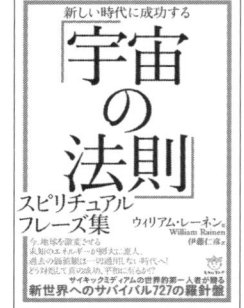

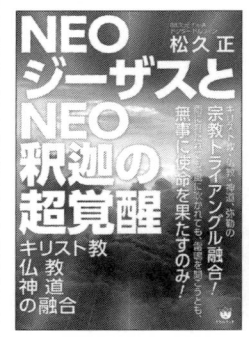

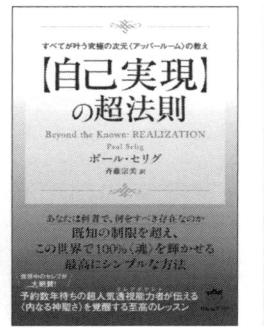

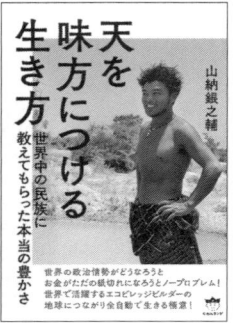

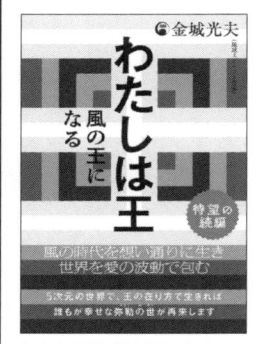

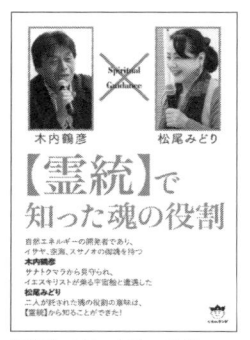

ヒカルランド　好評既刊！

地上の星☆ヒカルランド　銀河より届く愛と叡智の宅配便

古代のWi-Fi【ピンク法螺貝】
のすべて
著者：りーこワケワケ
四六ソフト　本体1,600円+税

シンクロニシティカード
《完全活用》バイブル
著者：FUMITO＆LICA
四六ソフト　本体1,800円+税

サイン
著者：ローラ・リン・ジャクソン
訳者：田元明日菜
四六ソフト　本体3,600円+税

自愛は最速の地球蘇生
著者：白鳥　哲
四六ソフト　本体2,000円+税

生理・子宮・卵巣・骨盤を
自分で良くする
『女子の神５』メソッド
著者：三雅
四六ソフト　本体1,500円+税

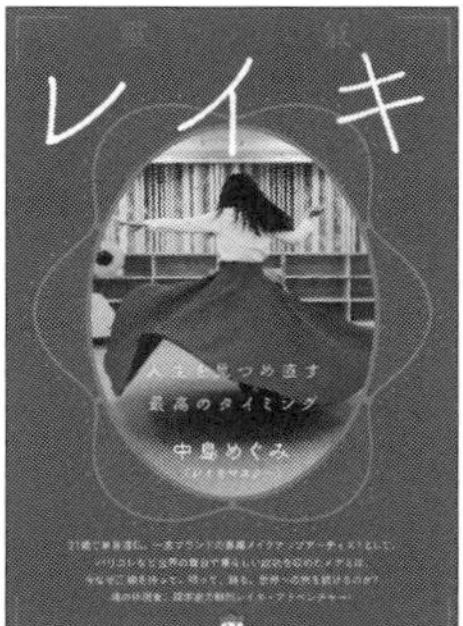

レイキ（靈氣）
人生を見つめ直す最高のタイミング
著者：中島めぐみ
四六ソフト　本体1,800円+税

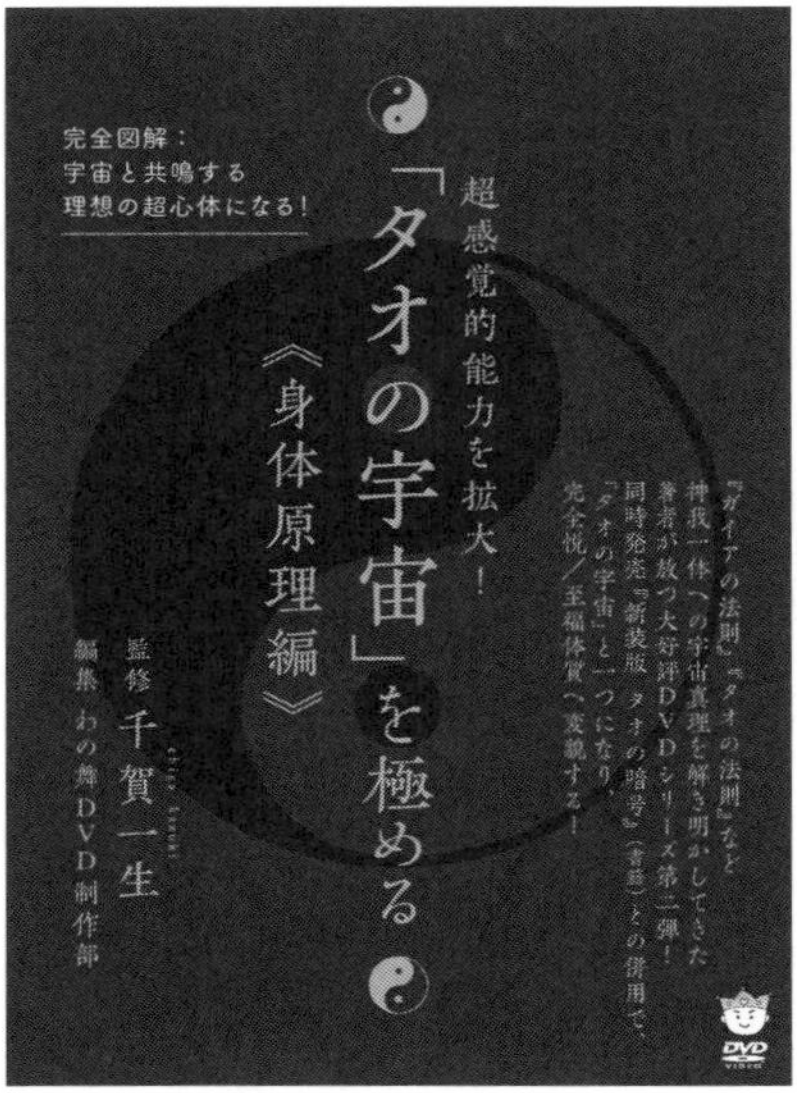

超感覚的能力を拡大！
「タオの宇宙」を極める《身体原理編》
完全図解：宇宙と共鳴する理想の超心体になる！
監修：千賀一生
編集：わの舞DVD制作部
DVD　本体 3,000円+税

「タオの教え」完全版シリーズ DVD 第二弾！

同時発売の本書『新装版　タオの暗号』（書籍）との併用で、「タオの宇宙」と一つになり、完全悦／至福体質へ変貌する！　銀河、太陽系から原子、素粒子に至るまで、宇宙万象は、基本運動（スピン）で軸が生まれ、中心（軸）に統一されることで、調和、さらに創造へと向かう——この究極原理こそが、人間の心と体にも貫かれるタオ＝悦／至福の源流。どのようにして陰陽から成る心体をタオの幹（性宇宙）に統一し、自らが小宇宙となりうるのか——豊富な図解映像によって根本原理に理解を深め、宇宙との完全なる統一体（完全調和体）へと次元上昇を遂げるための実践法を懇切丁寧にナビゲーションします。＊本DVD の BGM は、NASA 収録の実際の宇宙の音です。繰り返し聞く事で、さらに宇宙との統一体へと誘導されやすい効果が生まれるように配慮されています。